TAXAS
Limites Constitucionais

Walter Alexandre Bussamara

TAXAS
Limites Constitucionais

Taxas – Limites Constitucionais

© WALTER ALEXANDRE BUSSAMARA

ISBN 85-7420-510-9

Direitos reservados desta edição por
MALHEIROS EDITORES LTDA.
Rua Paes de Araújo, 29, conjunto 171
CEP 04531-940 — São Paulo — SP
Tel.: (0xx11) 3078-7205 Fax: (0xx11) 3168-5495
URL: www.malheiroseditores.com.br
e-mail: malheiroseditores@zaz.com.br

Composição
PC Editorial Ltda.

Capa
Criação: Vânia Lúcia Amato
Arte: PC Editorial Ltda.

Impresso no Brasil
Printed in Brazil
08-2003

Aos meus pais,
SONIA e WALTER,
meus verdadeiros paradigmas e grandes incentivadores,
a quem transfiro a **concretização** *deste livro.*

*Agradeço, **especialmente**,
ao Professor Doutor ROQUE ANTONIO CARRAZZA,
pela valiosa e singular orientação
no Curso de Mestrado
da Pontifícia Universidade Católica de São Paulo,
fonte do presente estudo.*

*Agradeço, ainda,
aos Professores Doutores RENATO LOPES BECHO
e EDUARDO DOMINGOS BOTALLO,
pelas sólidas considerações
manifestadas, diretamente, acerca do tema ora tratado.*

PREFÁCIO

1. É uma grande honra, para mim, prefaciar este excelente livro do Prof. WALTER ALEXANDRE BUSSAMARA, que versa o intrincado tema das *taxas*.

Como se sabe, a Constituição Federal ocupa, dentro do ordenamento jurídico pátrio, posição sobranceira, dando *fundamento de validade* a todos os atos emanados dos Poderes Legislativo, Executivo e Judiciário. Encimando a *pirâmide jurídica*, consagra grandes princípios, que interferem, de modo especial, no significado, conteúdo e alcance das normas tributárias.

Realmente, o Código Supremo não só apontou os fatos que podem ser alcançados pela tributação, como estabeleceu os limites e condições de seu exercício, deixando, de conseqüência, neste particular, pouca margem de liberdade ao legislador da União, dos Estados-membros, dos Municípios e do Distrito Federal.

Portanto, as pessoas políticas, enquanto tributam, inclusive por meio de taxas, encontram, na Carta Magna, perfeitamente demarcados, os caminhos que podem palmilhar.

Com estas rápidas assertivas, é fácil perceber que o perfil jurídico das taxas encontra-se desenhado, com retoques à perfeição, no próprio Texto Magno.

2. Sem a pretensão de antecipar o assunto central do livro, a taxa é o tipo de tributo que seguramente mais divergências suscita entre os estudiosos. Tanto isto procede, que não há consenso quanto à sua definição, nem seu exato enquadramento entre as espécies tributárias.

De um modo geral, porém, tem-se entendido que a taxa é uma obrigação *ex lege*, que nasce da realização de uma atividade estatal,

8 TAXAS – LIMITES CONSTITUCIONAIS

relacionada, de modo específico, ao contribuinte, embora, muitas vezes, por ele não requerida ou, até mesmo, sendo para ele desvantajosa.

Pasquale Russo agrega a esta noção a idéia de que a taxa "é uma prestação que se inspira no princípio da correspectividade,"[1] tomado no sentido de troca de utilidade ou, se preferirmos, de comutatividade. É preciso que o Estado faça algo em favor do contribuinte, para dele poder exigir, de modo válido, esta particular espécie tributária.[2]

Tal exigência, de um certo modo, prestigia o princípio da igualdade, pois se concentra na pessoa beneficiada, evitando que os demais membros da comunidade suportem os ônus econômicos de uma atuação estatal que, pelo menos diretamente, não os alcançou.

Diante disso, podemos dizer que taxas são tributos que têm por *hipótese de incidência* uma atuação estatal diretamente referida ao contribuinte.[3] Tal atuação estatal – consoante reza o art. 145, II, da CF[4] (que traça a *regra-matriz* das taxas) – pode consistir ou num *serviço público* ou num *ato de polícia*.

Daí distinguirmos as *taxas de serviço* (vale dizer, as taxas que têm por pressuposto a realização de serviços públicos), das *taxas de polícia* (ou seja, as que nascem em virtude da prática, pelo Poder Público, de atos de polícia).

A *hipótese de incidência* das taxas só pode consistir num destes dois fatos, regidos pelo direito público: I – a prestação de serviço público; e, II – o exercício do poder de polícia. Portanto, a lei da pessoa política tributante deve colocar na *hipótese de incidência* das taxas

1. Manuale di Diritto Tributario, Milão, Giuffrè Editore, 1994, p. 22.

2. Nisto as taxas diferem dos impostos, que, para serem instituídos e cobrados, independem de qualquer atuação estatal. São, se quisermos, tributos não-vinculados a uma atuação estatal, nascendo, deste modo, sempre de fatos regidos pelo direito privado, isto é, de fatos da esfera pessoal dos contribuintes (o fato de alguém importar produtos, praticar operação mercantil, prestar, em caráter negocial, serviços de qualquer natureza etc.).

3. Na lição clássica de Geraldo Ataliba, "(...) para que se configure a taxa, basta a lei prever atuação estatal que tenha referibilidade a alguém (que poderá ser posto como sujeito passivo do tributo). Este tributo irá nascer com a referibilidade (no momento em que a atuação estatal se referir concretamente a alguém)" (Hipótese de Incidência Tributária, São Paulo, Malheiros Editores, 6a ed., 4a tiragem, 2003, p. 147).

4. Constituição Federal, "Art. 145. A União, os Estados, o Distrito Federal e os Municípios poderão instituir os seguintes tributos: (...) II – taxas, em razão do exercício do poder de polícia ou pela utilização, efetiva ou potencial, de serviços públicos específicos e divisíveis, prestados ao contribuinte ou postos a sua disposição".

ou a prestação de um dado serviço público *ou* a prática de um ato de polícia.

Todos estes assuntos foram proficientemente desenvolvidos por WALTER ALEXANDRE BUSSAMARA, que, dominando, como poucos, os grandes princípios constitucionais tributários, produziu obra de mão e sobremão.

Registro, por oportuno, que o livro ora dado à publicidade foi inicialmente apresentado, como dissertação de mestrado, no Programa de Pós-Graduação em Direito da Pontifícia Universidade Católica de São Paulo. A Banca Examinadora, integrada pelos Professores Eduardo Domingos Bottallo, Renato Lopes Becho e por mim, acabou por aprová-lo, com distinção.

O trabalho, redigido sob minha orientação, segue as diretrizes da *Escola de Direito Tributário da Pontifícia Universidade Católica de São Paulo*, que se inspira nas lições imorredouras do saudoso mestre Geraldo Ataliba.

3. Ignoro se é missão do prefaciante adiantar, de maneira tão incisiva, como acabo de fazer, os méritos da obra apresentada. Como quer que seja, sinto-me confortável para registrar que ela deixou em meu espírito uma impressão altamente favorável e positiva.

O autor, ao mesmo tempo em que, apoiado nos grandes mestres, discute as teses jurídicas de maior relevo, examina a legislação constitucional, interpretando-a com invulgar brilho.

WALTER ALEXANDRE BUSSAMARA reafirma, no presente livro, seus decantados atributos de expositor claro e metódico, na medida em que situa com argúcia os problemas que vai levantando, para, em seguida, resolvê-los de forma convincente e lógica. Neste contexto, analisa, com finura de percepção e rica sensibilidade, o alcance dos princípios da capacidade contributiva e da não-confiscatoriedade, nas taxas.

4. É de meu agrado proclamar, também, que as qualidades do livro não advêm do rompimento com a doutrina tradicional, mas da reconstrução crítica da tributação por meio de taxas, no Brasil. Se me for permitido o ousio, digo que, nesta obra, ao contrário do que se dá com a maioria das outras, encontram-se "não muitas coisas, mas muito" (*non multa, sed multum*).

Em suma, este trabalho é bem estruturado e, sobretudo, útil. O mínimo que dele se pode dizer é que se constitui num bom ponto de partida para vôos teóricos mais elevados. E todos sabem como é importante ter um bom ponto de partida.

5. Confesso que nunca me agradaram os prefácios que resumem o conteúdo do livro. Tais resumos costumam ser, na grande maioria dos casos, um reflexo pálido e muitas vezes desajustado da obra. Por isso, prefiro deixar ao leitor a grata tarefa de formar, por si mesmo, um juízo acerca do trabalho.

Só desejo formular, de modo bem amplo, alguns comentários que me parecem indispensáveis.

5.1 Talvez um dos defeitos mais comuns que se observam na literatura do Direito Tributário consiste precisamente em concebê-lo como um ramo autônomo do Direito. Este *autarquismo jurídico* tem causado muitos danos ao estudo científico da disciplina.

De tal impropriedade, positivamente, não padece a presente obra, que se alicerça – torno a dizer – na Constituição Federal e nos grandes princípios que ela alberga.

5.2 Chama a atenção, também, a precoce cultura jurídica do autor. De fato, conquanto muito jovem, passeia pelo mundo do Direito como se estivesse em sua casa, sem revelar, nisto, maiores dificuldades.

Ademais, não se demora em citações desnecessárias, nem se perde em bizantinices; antes, vai ao ponto, com a clareza e a precisão dos que dominam o assunto e, por isso mesmo, sabem dizer bem o que é essencial.

Ao ler a obra tive a nítida impressão de estar assistindo a uma série de aulas, muito bem preparadas e expostas. Nunca fatigantes e aborrecidas, mas amenas e, acima de tudo, criativas. Aulas que instigam a capacidade de pensar e repensar a matéria. Tal virtude muito poucos livros científicos – só os melhores – possuem.

5.3 À vista dos motivos já referidos, o livro está destinado a ter ampla e merecida difusão. Nascido na Universidade, não se destina só a ela.

Com efeito, o conteúdo deste *Taxas – Limites Constitucionais*, a forma como foi redigido, a atualidade dos tópicos nele desenvolvidos, garantem-lhe bom êxito junto aos acadêmicos de Direito, aos bacharéis que pretendem submeter-se a concursos públicos e aos estudiosos em geral do fenômeno tributário.

Trata-se, enfim, de um trabalho sério e meditado, que, sem dúvida, há de merecer a consideração e o apreço de todos quantos se ocupam com o Direito Tributário. O mundo jurídico nacional engrandece-se com obra bem construída, que – torno a insistir – obedece a uma seqüência lógica digna de elogios.

PREFÁCIO

6. Credenciais para atingir a estes elevados objetivos não faltam ao Professor WALTER ALEXANDRE BUSSAMARA.

Bacharel em Direito pela Faculdade de Direito da Pontifícia Universidade Católica de São Paulo (turma de 1996), tem publicados criativos artigos, nas mais prestigiosas revistas jurídicas do País. Sobremais, vem se distinguindo, sempre mais, como advogado, atuando ao lado de seu pai, o experiente causídico Walter Bussamara, em conhecido escritório especializado em Advocacia Empresarial e Consultiva. Concilia, pois a teoria com a prática, revelando, com isso, um perfeito conhecimento dos assuntos que aqui aborda.

Não é por outras razões que o autor já começa a ocupar, merecidamente, uma posição de destaque, entre os estudiosos do Direito Tributário.

7. Posto isto, resta-me, a guisa de fecho, felicitar à conceituada MALHEIROS EDITORES, pela publicação deste *Taxas - Limites Constitucionais*, cuja acolhida pelos leitores será também – não tenho a menor dúvida – uma prova a mais de seu acerto editorial.

E, é claro, deixar consignado que a Ciência Jurídica muito se enriquece com este livro de WALTER ALEXANDRE BUSSAMARA, que reúne todos os requisitos para converter-se numa obra de consulta obrigatória, para todos quantos fazem do Direito Tributário a matéria de sua especial preferência.

São Paulo, 4 de agosto de 2003

Roque Antonio Carrazza
Professor Titular da Cadeira de Direito Tributário
da Faculdade de Direito
da Pontifícia Universidade Católica de São Paulo (*PUC-SP*)

SUMÁRIO

PREFÁCIO DE ROQUE ANTONIO CARRAZZA 7

INTRODUÇÃO 17

CAPÍTULO I – A SUPREMACIA CONSTITUCIONAL DENTRO DE UM SISTEMA HIERARQUIZADO DE NORMAS

1. *Algumas considerações* 19

CAPÍTULO II – CARACTERÍSTICAS DA MODALIDADE TRIBUTÁRIA "TAXA"

1. *Conceito de "taxa"* 26
2. *Necessidade de lei administrativa anterior à ocorrência do fato imponível* 38
3. *Sua correspectividade* unidirecional 39
4. *Momento de sua cobrança* 44

CAPÍTULO III – LIMITES CONSTITUCIONAIS DO ESTADO NA TRIBUTAÇÃO POR MEIO DE TAXA: REGRA-MATRIZ E PRINCÍPIOS CONSTITUCIONAIS

1. *Esses limites e o adequado exercício da competência e capacidade tributárias* 49

CAPÍTULO IV – LIMITES DETERMINADOS POR SUA "REGRA-MATRIZ"

1. *Considerações iniciais* 56
2. *Limites quanto à materialidade de sua hipótese de incidência* ... 58
   2.1 *"Taxa de serviço": conceito* 58
       2.1.1 Noção jurídica de "serviço público" 59
       2.1.2 Substrato material do serviço público 60

14 TAXAS – LIMITES CONSTITUCIONAIS

2.1.3 Traço formal do serviço público 61
2.1.4 Limites para a caracterização de serviços como
públicos 63
    *2.1.4.1 Limites constitucionais decorrentes do
campo da exploração econômica 63*
    *2.1.4.2 Limites quanto ao alcance de seu substrato
material em relação a outras atividades
estatais*
       2.1.4.2.1 Considerações iniciais 65
       2.1.4.2.2 Obra pública não é serviço
público 68
       2.1.4.2.3 Poder de polícia não é serviço
público 69
2.1.5 O elemento material dos serviços públicos e a atual
Constituição Federal 70
2.1.6 Os serviços públicos e a ação dos particulares 71
2.1.7 Serviços públicos gerais e indivisíveis 73
2.1.8 Serviços públicos "específicos" e "divisíveis", como
integradores do pressuposto material das taxas 74
2.1.9 A tributação pela "disponibilização" de serviços
públicos 75
2.1.10 A compulsoriedade da fruição de certos serviços
públicos 76
2.1.11 A "gratuidade" na prestação de serviços públicos 79
2.2 "Taxa de polícia": conceito 80
2.2.1 A questão da "efetividade" no exercício do poder de
polícia 85
2.2.2 O poder de polícia também deve ser "específico" e
"divisível" 89
2.2.3 A "gratuidade" e o exercício do poder de polícia 90
2.2.4 Servidão administrativa e desapropriação não são
espécies de poder de polícia 90
2.3 Questão conexa: "pedágio" 91
*2.4 Questão conexa: "taxas" e "preços públicos", como
institutos que remuneram atuações estatais* 95
3. Limites quanto aos seus sujeitos ativo e passivo
3.1 Sujeito ativo possível 112
3.2 Sujeito passivo possível 117
4. Limites quanto à sua base de cálculo
*4.1 Necessidade de "correlação lógica" com sua hipótese de
incidência* 124
*4.2 Vedação de utilização de base de cálculo própria de
impostos* 130

SUMÁRIO 15

5. *A questão da alíquota nas taxas* 136

Capítulo V – LIMITES ADVINDOS DE "PRINCÍPIOS CONSTITUCIONAIS"

1. *Considerações iniciais* 141

2. *Taxas e os princípios da "capacidade contributiva" e da "vedação ao confisco"* 143

Capítulo VI – CONCLUSÕES

1. *Conclusões gerais* 157

2. *Conclusões específicas* 158

BIBLIOGRAFIA 162

INTRODUÇÃO

Este estudo acerca das limitações constitucionais do Estado quando da tributação por meio da modalidade tributária *taxa* acabou por nos confirmar algo que a doutrina, até então, já esboçava como um alerta àqueles que sobre este tema decidissem se debruçar: a sua singularidade. Realmente, não foge à normalidade encontrarmos nas lições doutrinárias um toque particular em relação ao seu aprofundamento.

"Divergente", "espinhoso", "discrepante" e "apaixonante" são apenas alguns dos qualificativos atribuídos por cultores da Ciência do Direito ao trato desta disciplina, a exemplo, respectivamente, de Roque Carrazza, Régis de Oliveira, Héctor Villegas e Geraldo Ataliba.[1]

Trata-se, desta feita, de matéria potencialmente rica e propensa, de uma forma ou de outra, a férteis e intermináveis reflexões jurídicas. Daí o motivo maior de termos eleito para estudo o referido assunto.

Damo-nos pressa em ressaltar que não objetivamos – o que seria impossível em qualquer trabalho científico – o esgotamento do tema, ou a pretensiosa função de estarmos solucionando quaisquer aspectos ao mesmo relacionados. Estamos, por certo, muito aquém dessas premissas. Sentindo-nos realizados – agora, sim – pelo simples desafio de podermos ensejar novas e, certamente, mais corretas reflexões por parte da produção científica que se curve em torno deste – no mínimo – intrigante tema. Assim sendo, estaremos a alcançar nossos reais objetivos.

---

1. Respectivamente: *Curso de Direito Constitucional Tributário*, 19ª ed., p. 469; *Taxas de Polícia*, p. 13; "Verdades e ficções em torno do tributo denominado taxa", *RDP* 17/322; e "Prefácio" in *Taxas de Polícia* (de Régis de Oliveira), p. 7.

18 TAXAS – LIMITES CONSTITUCIONAIS

Antes ainda de visualizarmos, de forma geral, as trilhas que estaremos a percorrer, mister se faz trazer – sem que isso já signifique uma verdadeira escusa em face dos nossos esperados desacertos – uma expectativa a mais que, ao menos em nosso sentir, paira por todo e qualquer trabalho de cunho científico. Repitamos, assim, as palavras de Roque Carrazza: "Ainda em cima, não vemos mal em proclamar que os equívocos causados pelo arrojo intelectual são, quase sempre, mais úteis do que os acertos vulgares, justamente porque abrem espaços e propiciam novas e aprofundadas meditações".[2]

Pois bem, nosso objetivo é analisar, nesta obra, as limitações constitucionais do Estado quando da tributação por meio de taxa – em especial aquelas decorrentes quer de sua regra-matriz, quer de seus magnos princípios.

É na Constituição que encontraremos os parâmetros de tributação *por meio de taxa* – que nos interessa. Iniciaremos nossa empreitada, dessa forma, com a análise da supremacia constitucional, como corolário maior deste estudo, justificando, por assim dizer, a necessidade de obediência aos seus preceitos – dentre eles, os atinentes àqueles referidos limites tributários, ou seja, às suas normas e a seus princípios.

Assente a noção acerca da supremacia constitucional, apresentaremos os contornos próprios da modalidade tributária *taxa*, quando, então, conhecendo nosso campo de pesquisa, poderemos adentrar o ponto central do estudo – ou seja, nas limitações constitucionais a serem observadas pelo Estado quando do exercício da respectiva tributação.

Num primeiro momento estaremos discorrendo quanto aos limites impostos pela regra-matriz constitucional da taxa – uma vez que o Texto-Ápice acabou por apontar todos os aspectos intrínsecos a esse tributo, quais sejam, a *materialidade possível* de sua hipótese de incidência, seus *sujeitos ativo* e *passivo possíveis*, sua *base de cálculo possível*, bem como sua *alíquota possível*.

Por fim, nossa análise alcançará aqueles limites advindos de princípios constitucionais tributários, fazendo a ressalva de que não estaremos a tratar de todos, mas apenas daqueles por nós considerados como peculiares ao regime da taxa, reservando aos demais apenas uma breve nota de passagem.

---

2. *Curso* ..., 19ª ed., p. 23.

Capítulo I

A SUPREMACIA CONSTITUCIONAL DENTRO DE UM SISTEMA HIERARQUIZADO DE NORMAS

1. Algumas considerações

Escolhemos, de forma proposital, como tópico inicial deste estudo o da *supremacia constitucional*, uma vez que, como seu próprio tema vem a sugerir, estaremos inseridos num plano eminentemente constitucional – vale dizer, analisaremos os aspectos, tratados dentro da ótica da Constituição Federal, que permeiam a instituição e cobrança da espécie tributária *taxa*.[1]

Sempre, entretanto, com o intuito de não fugirmos do tema central eleito para este estudo – limitações constitucionais do Estado na tributação por meio de taxas –, convém esclarecer que a análise, então, da supremacia constitucional não se verificará numa forma mais apro-

---

1. Acerca da importância do estudo das taxas em nível constitucional remetemo-nos às lições de Geraldo Ataliba: "Como a Constituição foi muito esquemática e correta na sua visão sistemática, podemos dizer que o nome, a designação 'taxa', aqui está corretamente adotado e que o legislador deverá não só obedecer a essa terminologia, mas – o que é mais importante – deverá corresponder aos conceitos substanciais que a própria Constituição adota. Em outras palavras, a Constituição não está simplesmente usando um nome gratuitamente, sem nenhum compromisso com uma conceituação substancial, não! A Constituição está adotando uma posição dentro das possíveis proposições científicas; ela está se comprometendo com uma determinada classificação" ("Taxas e preços no novo Texto Constitucional", *RDTributário* 47/143).

20   TAXAS – LIMITES CONSTITUCIONAIS

fundada, restando seu trato – isto, sim –, de uma forma objetiva, apenas como preparação de terreno justamente para a pesquisa e justificação do tema maior deste trabalho.

Pois bem. Indo, agora, mais diretamente ao ponto – e partindo-se, desta feita, da premissa de ser a nossa Carta Maior soberana, suprema, e não mera recomendação[2] –, estaremos justificando, por assim dizer, a necessidade plena de observância irrestrita de todos os seus comandos, dentre eles de suas regras e princípios.[3]

Estamos, com isto, querendo significar que, por estarmos tratando de assuntos delineados no plano das normas constitucionais, e por serem estas supremas, acabam as mesmas por conduzir, sob pena de plena invalidade, toda uma eventual atividade tributante estatal, em especial – e ora nos interessando – no que diz respeito às taxas.

É nosso objetivo, desta feita, que o leitor compreenda o seguinte pensamento: os limites (seja através das regras ou dos princípios) para a tributação por meio de taxas, por estarem em um corpo normativo supremo, justificam, portanto, uma necessidade plena de sua realização.

Em outras palavras, por ser nossa Carta Maior a fonte máxima de nosso Direito, em especial do direito tributário, e por ser a mesma soberana, serão aqueles limites estabelecidos em seu corpo normativo – os que, realmente, deverão ser, de toda forma, obedecidos –, sendo representados, na parte que nos interessa, pelos limites norteadores seja do exercício da competência tributária em matéria de taxas (quanto à sua instituição), seja de sua respectiva cobrança (capacidade tributária ativa).

Cabe-nos, deste modo, verificar, em apertada síntese, então, como se verifica essa supremacia constitucional, caracterizadora de todo nosso ordenamento jurídico.

2. Nesse sentido Roque Carrazza, para quem: "O que estamos procurando ressaltar é que a Constituição não é um mero repositório de recomendações, a serem ou não atendidas, mas um conjunto de normas supremas que devem ser incondicionalmente observadas, inclusive pelo legislador infraconstitucional" (*Curso ...*, 19ª ed., p. 28).

3. Para José Afonso da Silva o princípio da supremacia da Constituição resulta da "*compatibilidade vertical* das normas da ordenação jurídica do país, no sentido de que as normas de grau inferior somente valerão se forem compatíveis com as normas de grau superior, que é a Constituição" (*Curso de Direito Constitucional Positivo*, 22ª ed., p. 47).

A SUPREMACIA CONSTITUCIONAL   21

Pois bem, partamos desde já do pressuposto de que o Direito é um *sistema jurídico* – devendo-se entender por "sistema", com esse qualificativo de "jurídico", num primeiro momento, um *conjunto de normas jurídicas*.[4] Ressaltamos, por importante, que não *quaisquer* normas jurídicas, porém aquelas normas tidas como *válidas*. Estas normas válidas, portanto, apresentam-se, perante o Direito, de forma *hierarquizada*, em que a validade de cada uma delas é haurida da validade daquelas que a encimam, que lhe são superiores.[5]

Temos estruturada, portanto, em nosso Direito a denominada "pirâmide jurídica", em que se verifica, realmente, uma forma escalonada de diferentes níveis de normas jurídicas, desde as inferiores, enquanto advindas dos particulares (de seus contratos), até – trilhando-se uma linha sempre crescente – as constitucionais, corroborando-se a assertiva de que a Constituição representa "o escalão de direito positivo mais elevado".[6]

Essa Constituição, ocupando o patamar máximo das normas de um ordenamento jurídico como o nosso, permite-nos, então, afirmar ser ela o fundamento de validade das demais normas do sistema. Somente será considerada válida uma dada norma se em harmonia com as normas constitucionais – pois, como já expusemos, são estas o critério *último* de existência e validade das demais normas do sistema jurídico.

Trata-se, dentro de um verdadeiro Estado de Direito, como o nosso, da *Lei Máxima*, da *Lei Maior*,[7] à qual são submetidos não só os cidadãos, mas também os Poderes políticos: Legislativo, Executivo e Judiciário.

Celso Bastos, em suas lições, ensina:

4. Para Juan Manuel Terán: "Sistema é um conjunto ordenado de elementos segundo um ponto de vista unitário" (*Filosofía del Derecho*, México, Editorial Porrúa, 1971, p. 146, *apud* Clélio Chiesa, *ICMS: Sistema Constitucional Tributário. Algumas Inconstitucionalidades da LC 87/1996*, p. 19).

5. Segundo Hans Kelsen, "o fundamento de validade de uma norma apenas pode ser a validade de uma outra norma" (*Teoria Pura do Direito*, 6ª ed., 4ª tir., p. 215).

6. Cf. Hans Kelsen, *Teoria* ..., 6ª ed., 4ª tir., p. 247.

7. Realmente, a manutenção de um Estado de Direito, como item fundamental à sobrevivência pacífica de determinada coletividade, somente será viabilizada através da estruturação dessa sociedade a um regramento específico capaz de, por si só, prever quais sejam os direitos e obrigações de cada indivíduo, seja nas relações intersubjetivas, seja nas relações com o próprio Estado, detentor do poder político. Daí a existência desse documento definido como a Constituição de um Estado.

"No sentido substancial da Constituição, pelo contrário, surpreende-se já um conteúdo normativo. Define-se a Constituição em sentido substancial pelo conteúdo de suas normas. Ela é um conjunto de regras ou princípios que têm por objeto a estruturação do Estado, a organização de seus órgãos supremos e a definição de suas competências.

"Opondo-se à conceituação de Constituição em função da natureza das normas que a compõem (segundo a qual ela seria o conjunto de regras de natureza constitucional em razão de terem por objeto a própria estrutura do Estado), surge aquela de Constituição formal.[8] Esta vai erigir em critério discriminador das normas constitucionais a forma pela qual elas são produzidas. Constituição, neste sentido, seria um conjunto de normas legislativas que se distinguem das não-constitucionais em razão de serem produzidas por um processo legislativo mais dificultoso, vale dizer, um processo formativo mais árduo e solene."[9]

A Constituição, assim, acaba por representar – e não poderia ser de outra forma – a base de todas as atividades estatais,[10] já que seu

8. Segundo Kelsen: "Da Constituição em sentido material deve distinguir-se a Constituição em sentido formal, isto é, um documento designado como 'Constituição' que – como Constituição escrita – não só contém normas que regulam a produção de normas gerais, isto é, a legislação, mas também normas que se referem a outros assuntos politicamente importantes e, além disso, preceitos por força dos quais as normas contidas neste documento, a lei constitucional, não podem ser revogadas ou alteradas pela mesma forma que as leis simples, mas somente através de processo especial submetido a requisitos mais severos. Estas determinações representam a forma da Constituição, que, como forma, pode assumir qualquer conteúdo e que, em primeira linha, serve para estabilização das normas que aqui são designadas como Constituição material e que são o fundamento de direito positivo de qualquer ordem jurídica estadual" (*Teoria* ..., 6ª ed., 4ª tir., pp. 247-248).

9. *Curso de Direito Constitucional*, 14ª ed., pp. 40-41.

10. Nesse sentido, José Afonso da Silva ensina: "A *Constituição do Estado*, considerada sua lei fundamental, seria, então, a organização dos seus elementos essenciais: *um sistema de normas jurídicas, escritas ou costumeiras, que regula a forma do Estado, a forma de seu governo, o modo de aquisição e o exercício do poder, o estabelecimento de seus órgãos, os limites de sua ação, os direitos fundamentais do homem e as respectivas garantias. Em síntese, a Constituição é o conjunto de normas que organiza os elementos constitutivos do Estado*" (*Curso* ..., 22ª ed., pp. 37-38 – grifos do original).

Para José Celso de Mello Filho, ainda, "Constituição é o *nomen juris* que se dá ao complexo de regras que dispõem sobre organização do Estado, a origem e o exercício do Poder, a discriminação de competências estatais e a proclamação das liberdades públicas" (*Constituição Federal Anotada*, 2ª ed., pp. 6-7).

E, também, para Michel Temer:

A SUPREMACIA CONSTITUCIONAL

conjunto de normas, indicando quem detém os Poderes estatais e elencando quais seriam esses Poderes, acaba por estabelecer a forma pela qual se verificará seu exercício e quais direitos e garantias as pessoas têm sobre eles. Aliás, esse verdadeiro *princípio* – assim podemos qualificá-lo – da supremacia da Constituição constitui a base do Direito atual.

Gomes Canotilho e Vital Moreira, nesse sentido, prenunciam: "A principal manifestação da preeminência normativa da Constituição consiste em que toda a ordem jurídica deve ser *lida à luz dela* e passada pelo seu crivo, de modo a eliminar as normas que se não conformem com ela".[11]

Com o intuito de bem demonstrar essa superioridade hierárquica da Constituição, Gomes Canotilho, ainda, acaba por revelá-la sob três perspectivas, quais sejam: "(1) as normas do direito constitucional constituem uma *lex superior* que recolhe o fundamento de validade em si própria ('autoprimazia normativa'); (2) as normas de direito constitucional são 'normas de normas' (*norma normarum*). Afirmando-se como fonte de produção jurídica de outras normas (normas legais, normas regulamentares, normas estatutárias etc.); (3) a superioridade normativa das normas constitucionais implica o princípio da conformidade de todos os actos dos Poderes políticos com a Constituição".[12]

Temos, assim, ante tudo o que até aqui foi exposto, que as normas mais importantes se encontram na Constituição. Realmente, sendo esta suprema, o mesmo curso seguirão suas respectivas normas. E mais: mesmo dentro dessas normas dadas como *mais importantes* (as constitucionais) encontramos aquelas que detêm, ainda, *um grau maior ou menor daquela importância*.[13]

"Em sentido mais restrito, Constituição significa o 'corpo', a 'estrutura' de um ser que se convencionou denominar Estado. Por ser nela que podemos localizar as partes componentes do Estado, estamos autorizados a afirmar que somente pelo seu exame é que conhecemos o Estado.

"(...).

"Mas, o que é Estado? Consiste na incidência de determinada ordenação jurídica, ou seja, de determinado conjunto de preceitos sobre determinadas pessoas que estão em certo território. Tais preceitos imperativos encontram-se na Constituição" (*Elementos de Direito Constitucional*, 19ª ed., p. 15).

11. *Fundamentos da Constituição*, p. 45 (grifos do original).

12. *Direito Constitucional*, 5ª ed., p. 141.

13. Pertinentes as palavras de Eduardo Bottallo: "A par da destacada e primordial posição que ocupa na *pirâmide jurídica*, a Constituição apresenta, sob sua

24 TAXAS – LIMITES CONSTITUCIONAIS

Todas, realmente, são supremas. Porém, aquelas com maior grau de importância, dentro desse escalão normativo máximo, denominamos de *princípios*, que atuam como verdadeiras diretrizes de nosso ordenamento jurídico.[14]

As outras, com menor grau de importância, em relação aos princípios, porém, também, dentro deste rol das normas qualificadas como supremas, são aquelas tidas como veiculadoras de simples regras constitucionais, por serem, apenas, menos diretivas que os princípios. De qualquer forma, umas ou outras, por serem supremas, informarão sempre a ação estatal de instituir e cobrar tributos – ou seja, conduzirão o exercício da competência e capacidade tributárias.

Portanto, o direito tributário, por ter como fontes máximas normas supremas, constitucionais, formadoras do *sistema constitucional tributário*[15] – ou seja, por ter como fundamento maior mandamentos de um documento dado como supremo –, encontra como verdadeiros nortes não só as mencionadas regras constitucionais tributárias, mas também aqueles seus princípios magnos, sejam gerais ou propriamente tributários, como balizas intransponíveis pela ação tributante do Estado.

Em suma, a validade das normas tributárias está condicionada à sua inteira adequação aos princípios e regras que permeiam a ação estatal de tributar, contidos na Lei Máxima, que lhes dá, portanto, seus verdadeiros limites.

A seguir, portanto, buscaremos analisar essas limitações constitucionais, estendendo nosso alcance, contudo, apenas àquelas concernen-

perspectiva interna, uma hierarquia própria" (*Fundamentos do IPI – Imposto sobre Produtos Industrializados*, p. 26 – grifos do original).

14. *Princípio* – segundo Celso Antônio Bandeira de Mello – "é, por definição, mandamento nuclear de um sistema, verdadeiro alicerce dele, disposição fundamental que se irradia sobre diferentes normas compondo-lhes o espírito e servindo de critério para sua exata compreensão e inteligência exatamente por definir a lógica e a racionalidade do sistema normativo, no que lhe confere a tônica e lhe dá sentido harmônico. É o conhecimento dos princípios que preside a intelecção das diferentes partes componentes do todo unitário que há por nome sistema jurídico positivo" (*Curso de Direito Administrativo*, 15ª ed., pp. 817-818).

15. Para Geraldo Ataliba: "Dentro de um sistema normativo são reconhecíveis sistemas parciais, a partir de perspectivas materiais diversas. Estes sistemas compõem o sistema global – repita-se – não pela sua soma, mas por sua conjunção recíproca, de maneira harmônica e orgânica. O conjunto de normas constitucionais forma o sistema constitucional. O conjunto de normas da Constituição que versa matéria tributária forma o sistema (parcial) constitucional tributário" (*Sistema Constitucional Tributário Brasileiro*, p. 20).

A SUPREMACIA CONSTITUCIONAL

tes à tributação por meio de taxas, decorrentes quer de sua regra-matriz, quer de seus magnos princípios. Entendamos, inicialmente, entretanto, os contornos próprios desta modalidade tributária, denominada *taxa*.

Capítulo II

CARACTERÍSTICAS
DA MODALIDADE TRIBUTÁRIA "TAXA"

1. Conceito de taxa. *2. Necessidade de lei administrativa anterior à ocorrência do fato imponível. 3. Sua correspectividade* unidirecional. *4. Momento de sua cobrança.*

1. Conceito de "taxa"

Antes, contudo, de discorrermos a respeito dos limites propriamente impostos pela regra-matriz constitucional das taxas, bem como pelos seus princípios tributários constitucionais, quando da instituição e cobrança dessa modalidade de tributo, mister se faz estabelecer, primeiramente, o que vem a ser essa espécie tributária como tal denominada. Afinal, trata-se do objeto-alvo das limitações que mais à frente estaremos estudando.

Vale advertir, ainda, que ficaremos adstritos, apenas e tão-somente, a considerações puramente jurídicas, tendo como apoio, nessa nossa empreitada, *unicamente*, o direito positivo *constitucional* atual, em especial seu art. 145, II, e § 2º:

"Art. 145. A União, os Estados, o Distrito Federal e os Municípios poderão instituir os seguintes tributos: (...);

"II – taxas, em razão do exercício do poder de polícia ou pela utilização, efetiva ou potencial, de serviços públicos específicos e divisíveis, prestados ao contribuinte ou postos à sua disposição; (...).

CARACTERÍSTICAS DA MODALIDADE TRIBUTÁRIA "TAXA" 27

"§ 2º. As taxas não poderão ter base de cálculo própria de impostos."

De fora estarão, portanto, qualquer normatização infraconstitucional bem como quaisquer considerações de ordem econômica ou préjurídica.[1] É o que se segue.

Taxa, por conseguinte, é a espécie de tributo que tem no aspecto material de sua hipótese de incidência[2] uma determinada atividade desenvolvida pelo Estado,[3] por imperativo legal, direta e imediatamente referida ao contribuinte, seu sujeito passivo. Conforme lições de Ramón Valdés Costa, "la tasa es el tributo cuya obligación está vinculada jurídicamente a una actividad del Estado relacionada directamente con el contribuyente".[4]

Por vezes trata-se de uma atividade estatal que se revela, num primeiro momento, até mesmo desvantajosa para o administrado.[5] É o caso, por exemplo, do exercício do poder de polícia, que, como veremos mais detidamente adiante, faz resultar uma abstenção do adminis-

---

1. São palavras de Celso Antônio Bandeira de Mello: "Devemos considerar, todavia, que o objeto do jurista é sempre um sistema de normas. Quando constrói e maneja uma noção, o que pretende, afinal, é produzir uma idéia-chave e através dela reconhecer se ocorre ou não certo regime. O que quer saber é *quais as regras aplicáveis diante de certos casos*. Por conseguinte, e em última análise, o seu objeto é sempre um complexo normativo" (*Natureza e Regime Jurídico das Autarquias*, p. 166 – grifos do original).

2. "Hipótese de incidência – de acordo com a doutrina de Geraldo Ataliba – é a descrição legislativa (necessariamente hipotética) de um fato a cuja ocorrência *in concreto* a lei atribui a força jurídica de determinar o nascimento da obrigação tributária" (*Hipótese de Incidência Tributária*, 6ª ed., 4ª tir., p. 76). Neste sentido Eduardo Bottallo: "Quando se atribui certas conseqüências à realização de um fato descrito em norma, dá-se o fenômeno da incidência da norma jurídica" (*Fundamentos do IPI...*, cit., p. 23).

3. Segundo L. Rodrigues de Almeida: "(...) a *taxa*, enquanto espécie tributária, *é uma prestação estabelecida pela lei, a favor de uma pessoa colectiva de direito público, como contrapartida de serviços individualmente prestados, da utilização de bens do domínio público* [este aspecto ausente no **Direito Brasileiro**] *ou da remoção de um limite à actividade dos particulares*" (*Introdução ao Direito Tributário Português*, p. 37 – grifos do original; esclarecemos).

4. *Curso de Derecho Tributario*, t. I, p. 297.

5. Dizemos "num primeiro momento" tendo em vista – como também estaremos vendo mais à frente – que essa idéia de poder negativo constante do exercício do poder de polícia é verificada apenas quando da conduta do administrado, já que, sob um prisma agora indireto, revela-se como um poder positivo na medida em que propicia resultado favorável em termos de bem-estar social, como reflexo de uma ordem comunitária geral.

28 TAXAS – LIMITES CONSTITUCIONAIS

trado, ou seja, um não-fazer seu – como ocorre, exemplificativamente, na suspensão, levada a cabo pela Administração, da construção de dada obra particular até que sejam regularizadas eventuais deficiências no cumprimento da respectiva legislação tratante das edificações, no resguardo, dentre outras coisas, da segurança coletiva.

Trata-se, no caso referido, do poder de polícia restringindo a propriedade e a liberdade do administrado. Outro exemplo, ainda, seria, em termos daquela desvantagem direta, o caso de certidão que declare um débito do administrado para com o Fisco.

Ora, certamente, a vantagem proporcionada, ou não, ao administrado, não tem o condão de qualificar a natureza jurídica da modalidade tributária *taxa* – vale dizer, não será taxa apenas quando se tratar de remuneração de uma dada atividade estatal que venha a causar benefício ao administrado. Realmente, não. Este referencial da vantagem proporcionada é irrelevante.[6] O que determina a natureza jurídica de um tributo é a materialidade de sua respectiva hipótese de incidência, confirmada, sempre, por sua respectiva base de cálculo.[7]

Assim, tratando-se de remuneração por uma das duas atuações estatais já referidas – consistentes na prestação de um serviço público específico e divisível ou no exercício efetivo do poder de polícia –, independentemente de haver ou não qualquer vantagem ao administrado diretamente atingido, estaremos diante da figura da *taxa*.

Essas idéias estão claramente delineadas nas lições, novamente, de Ramón Valdés Costa: "Si partimos de la noción básica de la tasa parece innegable que el Estado puede establecer este tributo toda vez que funcione un servicio con respecto a personas determinadas, proporcione o no ventajas a éstos. El Estado en uso de su soberanía financiera opta por el establecimiento de una tasa porque considera justo que el gasto del servicio sea cubierto total o parcialmente, como dice Giannini en la cita precedente, por los que han dado lugar a su organización y funcionamiento y no porque obtengan de aquél una ventaja o provecho".[8]

O mesmo raciocínio, também de importância fundamental a uma sólida compreensão da taxa como um todo, aplica-se quanto à destina-

---

6. Conforme, também, Alcides Jorge Costa, "Taxa e preço público", *Caderno de Pesquisas Tributárias* 10/4..

7. Realmente – para Alfredo Augusto Becker –, "a regra jurídica tributária que tiver escolhido para base de cálculo do tributo o serviço estatal ou coisa estatal terá criado uma taxa" (*Teoria Geral do Direito Tributário*, 2ª ed., p. 345).

8. *Curso* ..., t. 1, p. 310.

CARACTERÍSTICAS DA MODALIDADE TRIBUTÁRIA "TAXA"   29

ção do produto arrecadado por essa modalidade tributária, já que essa destinação pouco importa para a *qualificação da natureza jurídica* da taxa,[9] dependente – isto, sim, repetimos – apenas da conjugação da materialidade[10] de sua hipótese de incidência com sua respectiva base de cálculo – esta, sempre dentro de uma função confirmadora da espécie do tributo.[11]

Nesse sentido Alfredo Augusto Becker, para quem: "Nenhuma influência exerce sobre a natureza jurídica do tributo a circunstância de o tributo ter uma destinação determinada ou indeterminada; (...)".[12]

Realmente, a destinação do produto arrecadado com um dado tributo – no nosso caso, taxa – em nada altera sua respectiva natureza jurídica.[13] Um tributo pode ser constitucional e assim não ser, contudo, no que se refere à aplicação dos recursos com ele auferidos.[14]

Como objeto de uma relação tributária, essa exação (taxa) rege-se pelo direito tributário, focado nas suas materialidade e base de cálculo. Após essa relação – vale dizer, quando da aplicação daqueles recursos

9. Em sentido semelhante, Edgard Neves da Silva, "Taxas", in Ives Gandra da Silva Martins (coord.), *Curso de Direito Tributário*, 8ª ed., p. 763.

10. A importância da análise da hipótese de incidência de um tributo para sua qualificação jurídica está evidente, também, na doutrina de Dino Jarach, segundo o qual:
"Solamente analizando la naturaleza del hecho jurídico tributario es posible llegar a una distinción entre los tributos y las otras obligaciones legales y entre diferentes especies de tributos. Bajo este criterio será posible distinguir las tres conocidas categorías de tributos: tasas, contribuciones, impuestos.
"(...) el presupuesto de hecho de la tasa es caracterizado por corresponder a un servicio de la Administración Pública hacia el sujeto pasivo del tributo (...)" (*El Hecho Imponible*, 2ª ed., pp. 83-84).

11. Aliás, a base de cálculo em sua função confirmadora da natureza jurídica de um tributo assim o faz – de acordo com as lições de Rubens Gomes de Sousa – "quer no plano genérico – como imposto, taxa, ou contribuição –, quer no plano específico, isto é, como 'tal ou qual' imposto, taxa ou contribuição". O que acaba de ser dito pode resumir-se na afirmativa de que a adoção de uma base de cálculo inadequada aos demais elementos da conceituação jurídica de um determinado tributo pode descaracterizá-lo em qualquer daqueles dois planos" ("Ainda a distinção entre taxa e imposto", *RDP* 21/311).

12. *Teoria ...*, 2ª ed., p. 260.

13. Conforme, aliás, abonado pelo art. 4º, II, do Código Tributário Nacional: "Art.4º. A natureza jurídica específica do tributo é determinada pelo fato gerador da respectiva obrigação, sendo irrelevantes para qualificá-la: (...) II – a destinação legal do produto da sua arrecadação".

14. Cf. Geraldo Ataliba, *Hipótese ...*, 6ª ed., 4ª tir., p. 158.

30 TAXAS – LIMITES CONSTITUCIONAIS

– a matéria assume regime diverso, agora de direito constitucional financeiro. Confirmando esse pensamento, *no que diz respeito à natureza das taxas*, Régis de Oliveira pronunciou-se: "É irrelevante, pois, para o Direito, indagar do destino do produto de arrecadação e, em especial, o das taxas. Uma vez satisfeita a obrigação tributária, esgota-se o papel do jurista. (...)".[15]

Tal destinação, conforme lições de Geraldo Ataliba:

"(...) não é parte da estrutura da obrigação, nem da configuração da hipótese de incidência. (...) .

"É correta, sob a perspectiva da Ciência das Finanças, mas totalmente errada para o Direito, a definição de imposto que assinala a circunstância de corresponder às despesas gerais e indetermináveis do Poder Público, ou que afirma ser taxa o tributo cujo produto da arrecadação custeia um serviço público."[16]

Não se poderia colocar – orientando-nos, agora, pelas lições de Gilberto de Ulhôa Canto[17] – como parte integrante da natureza jurídica de um tributo uma dada circunstância que fosse posterior à sua própria criação, como ocorre com o destino de seu produto arrecadado.

Nesse sentido, Alfredo Augusto Becker aduz: "O tributo é objeto da *prestação* jurídica. Uma vez efetuada a prestação, a relação jurídica tributária *se extingue*. O que acontece depois com o bem que dava consistência material ao tributo, acontece em momento *posterior* e em *outra* relação jurídica, esta última de natureza *administrativa*. A regra jurídica que disciplinar a destinação e utilização do tributo é regra jurídica *administrativa*".[18]

A destinação do produto arrecadado não integra, portanto, a estrutura da obrigação tributária, vale dizer, não participa da materialidade da hipótese de incidência de um tributo, capaz – esta, sim – de definir sua real natureza tributária, confirmada, sempre, por sua respectiva base de cálculo.

Entretanto, a irrelevância da destinação do produto arrecadado com as taxas assim o é, no que tange *apenas* à caracterização de sua natureza jurídica, condicionada, como vimos, somente à respectiva

15. *Taxas de Polícia*, p. 37. Devemos atrelar esse pensamento ao contexto de nosso direito tributário.
16. *Hipótese ...*, 6ª ed., 4ª tir., pp. 158-159.
17. *Temas de Direito Tributário*, vol. 3, p. 54.
18. *Teoria ...*, 2ª ed., p. 261 (grifos do original).

CARACTERÍSTICAS DA MODALIDADE TRIBUTÁRIA "TAXA"   31

materialidade de sua hipótese de incidência, sempre confirmada por sua base de cálculo.

É que, embora para o direito tributário essa questão da natureza jurídica da taxa seja resolvida nos termos acima referidos – ou seja, vincula-se a natureza de um tributo à materialidade de sua respectiva hipótese de incidência, conjugada à sua base de cálculo –, a destinação do produto arrecadado pelas taxas assume, por sua vez, entendemos, importância em outro campo, o do direito constitucional financeiro. Não – frisamos – quanto à natureza jurídica do tributo, mas quanto à possibilidade de ter aquela destinação, por si só, como inconstitucional no caso de não ser devidamente conduzida, sem que isso interfira – vale insistir – na legitimidade do tributo que lhe deu causa.

O princípio informador das taxas é o da retributividade, de forma a viabilizar a remuneração do Estado pelos custos decorrentes de sua atuação, seja de prestação ou disponibilização de serviços públicos, seja de exercício do poder de polícia.

Essa é a finalidade constitucional do tributo *taxa*, que, a par de continuar legítimo, com sua natureza jurídica intacta, terá na destinação indevida de seu produto arrecadado contornos de inconstitucionalidade, embora agora não mais interessantes ao direito tributário, mas sim ao direito constitucional financeiro. A remuneração advinda das taxas cumpre ao ressarcimento do Poder Público pelos custos decorrentes de suas respectivas atuações, diretamente referidas ao administrado.

Retomando o fio da meada, essa referibilidade[19] direta e imediata existente entre os aspectos material (uma dada atuação estatal) e pessoal (no caso, com o sujeito passivo, contribuinte) da hipótese de incidência tributária é um dos traços marcantes desse tributo, sendo, por assim dizer, essencial à sua própria configuração. Sua hipótese não é somente uma atuação estatal, mas a conjugação desta, particular e diretamente, com o administrado.[20]

---

19. Geraldo Ataliba preferia este termo ("referibilidade") ao termo "relacionamento", sob pena de equivocadamente se supor estar tratando-se de uma relação jurídica. Aliás, são suas lições: "Já o fato gerador das exações vinculadas será sempre a referibilidade entre a exação mesma e uma atuação concreta – atual ou potencial – do Poder exigente (sujeito ativo)" (*Sistema Constitucional Tributário*, p. 138).

20. No mesmo sentido Celso Bastos, para quem "o traço discriminador por excelência da taxa está na circunstância de que só é cobrável em existindo uma atividade do Poder Público que se volte diretamente a um destinatário específico" (*Curso de Direito Financeiro e de Direito Tributário*, p. 47).

Portanto, nenhum modo de conexão entre a atuação do Estado e o administrado que não seja o direto poderá figurar na materialidade da hipótese de incidência tributária de uma determinada taxa – do que decorre, repetimos, não bastar apenas uma atuação estatal para fins de tributação por meio de taxa, sendo imprescindível, também, que dessa atuação estatal resulte uma referibilidade direta com o administrado, sujeito passivo, atingido pela atuação do Estado.[21]

Doutrinariamente, várias são as lições a esse respeito. De acordo com Sainz de Bujanda: "'O pressuposto (h.i.) da taxa consiste numa situação de fato que (...) se relaciona com (...) atividade da pessoa pública que se refere à pessoa do obrigado'".[22]

Por sua vez, Bernardo Ribeiro de Moraes afirma: "A taxa é um tributo cobrado das pessoas que se acham vinculadas a uma atividade estatal especial, seja decorrente do exercício regular do poder de polícia, seja em face da utilização, efetiva ou potencial, de serviços públicos específicos e divisíveis. Na prática, as taxas se apresentam como remuneratórias de serviços ou regulatórias do poder de polícia".[23]

E, ainda, Amílcar de Araújo Falcão, para quem:

"(...) o traço distintivo da taxa reside na natureza do seu fato gerador, encarado sob os pontos de vista objetivo e subjetivo.

"Objetivamente, o fato gerador da taxa é um fato imediatamente relacionado com a prestação ou a disponibilidade do serviço.

E F. Javier Martín Fernández, para quem: "Dentro de los tributos, la tasa es aquel que se exige en atención a la prestación de un servicio público o de una actividad administrativa que inciden de *manera especial en el obligado a satisfacerla*" (*Tasas y Precios Públicos en el Derecho Español*, p. 24 – grifamos).

21. Nesse sentido, José Juan Ferreiro Lapatza, para quem: "La tasa puede ser definida así como aquel tributo cuyo hecho imponible consiste en la realización de una actividad por la Administración que se refiere, afecta o beneficia al sujeto pasivo" (*Curso de Derecho Financiero Español*, 22ª ed., p. 206).

22. *Hacienda y Derecho*, vol. III, Madri, 1962, p. 291 – citado por Geraldo Ataliba, *Hipótese ...*, 6ª ed., 4ª tir., p. 156.

23. *A Taxa no Sistema Tributário Brasileiro*, p. 34. Para este autor, ainda, na mesma obra: "A relação entre a atividade estatal e o indivíduo é importante na conceituação da taxa. Esta tem por elemento essencial o caráter especial da cobrança, que se dirige exclusivamente às pessoas que se acham em situação diretamente relacionada com a atividade estatal. Para o conceito de taxa, entendida sua cobrança como processo de distribuição do custo da atividade específica do Poder Público em relação ao contribuinte, é inerente a idéia de que quem deve suportá-la é a pessoa que se utilizou do serviço público específico e divisível (taxas de serviço) ou que foi objeto da atividade estatal (taxas de polícia). Não podemos falar em taxa quando não há liame preciso entre a atividade estatal e o contribuinte" (p. 69).

CARACTERÍSTICAS DA MODALIDADE TRIBUTÁRIA "TAXA"   33

"Subjetivamente, ou seja, quanto à atribuição do fato gerador ao sujeito passivo da obrigação tributária, é necessário que o tributo só seja devido por aqueles, exclusivamente, que se utilizam efetiva ou potencialmente do serviço, isto é, por aqueles que solicitam, recebem ou dispõem deste."[24]

Disso decorre que o Estado apenas fará jus a exigir somas de dinheiro, a título desse tributo, na hipótese de vir a realizar algo (atuação estatal) referido imediata e diretamente ao contribuinte – ou seja, caso venha a desempenhar um agir resultante, conforme determina o já mencionado art. 145, II, da Constituição Federal, ou (a) num efetivo exercício do seu poder de polícia, ou (b) num serviço público específico e divisível, prestado ou posto à disposição: "Art. 145. A União, os Estados, o Distrito Federal e os Municípios poderão instituir os seguintes tributos: (...); II – taxas, em razão do *exercício do poder de polícia* ou pela utilização, efetiva ou potencial, de *serviços públicos específicos e divisíveis*, prestados ao contribuinte ou postos a sua disposição" (grifamos).

Tais materialidades[25] – "a" e "b" – são as únicas com possibilidade de figurar na hipótese de incidência dessa espécie tributária. Somente aquele administrado que utilizou ou poderia ter utilizado (veremos esse caso mais adiante) um dado serviço público específico e divisível ou foi alcançado, de forma efetiva, pelo poder de polícia estatal é que pode ser sujeito passivo desta modalidade tributária *taxa*.

Em pensamento conjunto, nesse contexto, quanto à conceituação da taxa, pronunciaram-se José Luis Pérez de Ayala e Miguel Pérez de Ayala Becerril: "La doctrina está de acuerdo en que este concepto debe referirse siempre a un tributo que se percibe en todo caso y se vincula a la prestación de un bien *[neste caso, não para o Direito Brasileiro]* o un servicio por la Administración hacia un particular, y que además esa prestación de bienes o servicios *debe ser de carácter divisible, es decir, 'uti singuli'*".[26]

A atual Carta Magna, conforme verificaremos em capítulo à parte, de forma melhor detalhada – assim como o fez, também, para os demais tributos existentes (*impostos* e *contribuição de melhoria*) –, delimitou para as taxas sua *regra-matriz*, seu arquétipo genérico, tra-

24. *Direito Tributário Brasileiro (Aspectos Concretos)*, p. 240.
25. Para Sacha Calmon, "pressupostos jurídicos", "suportes fáticos das taxas" (*Comentários à Constituição de 1988 – Sistema Tributário*, 6ª ed., 4ª tir., p. 45).
26. *Fundamentos de Derecho Tributario*, 4ª ed., p. 54 (grifos do original; esclarecemos).

çando – assim poderíamos dizer – os padrões a serem seguidos, de forma irrestrita, pela pessoa política competente, quando de sua instituição, ou seja, quando do exercício de sua competência tributária.

É exatamente nessa regra-matriz, portanto, voltando-nos ao caso das taxas, objeto de nosso estudo, que encontramos a previsão daquelas atuações estatais que podem vir a ser colocadas no aspecto material de sua hipótese de incidência (a hipótese de incidência possível), bem como a previsão dos seus demais aspectos possíveis (sujeitos ativo e passivo, base de cálculo e alíquota) que permeiam essa referida hipótese de incidência tributária, todos eles, realizadores da regra-matriz constitucional.

Pois bem, a regra-matriz das taxas no Brasil encontra-se, num primeiro momento, traçada justamente naquele já referido art. 145, II, do Texto-Ápice,[27] de onde decorre já podermos afirmar – o que será reforçado com o desenvolvimento do presente trabalho – não poderem as pessoas políticas, no exercício de sua competência tributária, desvirtuar, seja total ou parcialmente, a regra-matriz dos tributos – no nosso caso específico, das taxas. Devem ficar fielmente adstritas, portanto, às únicas duas materialidades possíveis, acima referidas.

Queremos com isso significar que, se o Estado quiser se remunerar por meio de taxas, exercendo sua competência tributária no campo dessa modalidade de tributo, deverá eleger como materialidades de sua respectiva hipótese de incidência uma daquelas duas atuações estatais, isto é, a prestação ou disponibilização (em alguns casos, veremos) de serviços públicos, específicos e divisíveis, ou o exercício efetivo do poder de polícia – caracterizadoras tais atuações, portanto, respectivamente, das taxas de serviço e de polícia.

Utilizando-se, ainda, do mesmo raciocínio, caso queira o Estado ser remunerado por aquelas atuações estatais, somente poderá fazê-lo por meio de taxa, sob o regime tributário, e nunca por meio de preços (tarifas), a cuja diferenciação dedicaremos, mais adiante, enfoque próprio, por ser questão relacionada ao tema deste trabalho.

Somente aquelas duas atuações estatais é que podem ensejar a cobrança de taxas.[28] Qualquer outra taxa que tenha como materialidade

27. "Art. 145. A União, os Estados, o Distrito Federal e os Municípios poderão instituir os seguintes tributos: (...); II – taxas, em razão do exercício do poder de polícia ou pela utilização, efetiva ou potencial, de serviços públicos específicos e divisíveis, prestados ao contribuinte ou postos à sua disposição; (...)."

28. Como já reiterou Celso Bastos, a esse respeito: "De fato, não há outras modalidades de taxas no nosso sistema, embora, em tese, possam ser concebidas e, de fato, existam em outros Estados" (*Curso de Direito Financeiro* ..., p. 149).

CARACTERÍSTICAS DA MODALIDADE TRIBUTÁRIA "TAXA"   35

de sua hipótese de incidência alguma atuação estatal que não seja prestação ou disponibilização de um dado serviço público, específico e divisível, ou o exercício efetivo do poder de polícia – fatos, portanto, regidos pelo direito público – estará desfigurada, não encontrando amparo constitucional.

Temos, portanto, nessas duas materialidades da hipótese de incidência possível das taxas, verdadeiros limites à respectiva atividade tributária do Estado no que tange ao exercício de sua competência tributária. Quaisquer outras eventuais modalidades de taxas não encontrariam respaldo algum em nosso atual sistema constitucional tributário.

Seria o caso, por exemplo, da instituição de taxas de uso (pela utilização de um bem pertencente ao domínio público) ou de obras (pela realização de obras públicas).[29]

Esse entendimento decorre da própria previsão expressa, encontrada em nossa Carta Maior, das únicas duas taxas passíveis de serem instituídas. Quisesse o constituinte uma maior variedade de taxas, não teria feito referências expressas a apenas duas.

Vale dizer, uma vez que a Constituição Federal permitiu diretamente, em seu art. 145, II, fossem instituídas taxas de serviços e de polícia, acabou por impedir a criação de quaisquer outras taxas que não tivessem essas atuações estatais na materialidade de suas respectivas hipóteses de incidência.

A possibilidade de existirem outras espécies de taxas, como as que acima exemplificamos (de uso ou de obras), só restaria legítima caso nossa Constituição houvesse permitido às pessoas políticas (União,

---

29. Para Roque Carrazza: "São taxas de uso, por exemplo, as quantias cobradas para se entrar num miradouro público (belvedere), num parque público ou num museu público (ainda que sejam empregadas na conservação destes bens do domínio público). São taxas de obras, *v.g.*, as chamadas *taxas de pavimentação*. A nosso sentir, a pavimentação asfáltica é obra pública e, como tal, só pode acarretar, observados certos requisitos, a tributação por via de contribuição de melhoria, (...)" (*Curso de Direito Constitucional Tributário*, 19ª ed., p. 478 – grifos do original). Ainda, pensamos, aqueles exemplos de taxas de uso não poderiam dar lugar a eventuais preços como forma de se legitimar a remuneração das citadas condutas já que são, todas elas, coisas fora do comércio, decorrendo daí sua conseqüente gratuidade, por ausência de meios remuneratórios legítimos. Nem mesmo, ainda, por meio de taxa de conservação, já que esta, quando associada à restrição do direito de ir e vir das pessoas e bens, somente pode se desencadear por meio de pedágio, que, na forma atual – como veremos em momento oportuno –, tem vez apenas quanto ao tráfego de pessoas e bens em âmbito interestadual ou intermunicipal, diferentemente dos citados exemplos, de âmbito local, estritamente municipal.

36 TAXAS – LIMITES CONSTITUCIONAIS

Estados, Distrito Federal e Municípios) a instituição, pura e simples, de "taxas", sem suas vinculações atuais a determinados tipos de atuação estatal, quer como prestação ou disponibilização de serviços públicos, específicos e divisíveis, quer tendo em vista, ainda, o exercício do seu poder de polícia.

Como, entretanto, nossa Carta Maior associou, expressamente, a criação de taxas a atuações estatais certas e específicas (art. 145, II), acabou por impedir, implicitamente, a instituição de outras modalidades dessa espécie tributária, relacionadas a outras materialidades – como, novamente, as taxas de uso ou de obras, dentre outras.

Realmente, qualquer pensamento tendente a defender a instituição de quaisquer tipos de taxas em nosso ordenamento jurídico atual estaria tornando inútil, verdadeira letra morta, o dispositivo constitucional que estabelece como possíveis materialidades das taxas a prestação ou disponibilização de serviços públicos específicos e divisíveis ou o exercício do poder de polícia.

É que – repetimos –, caso assim não quisesse o legislador constituinte originário, não teria mencionado expressamente, ao tratar da instituição de taxas, as referidas atuações estatais dentro do Texto Máximo. Ao descrever, ao contrário, categoricamente, quais os pressupostos para a instituição desse tributo, demonstrou nitidamente a intenção de negar a criação de outras eventuais taxas que não aquelas literalmente autorizadas.

Oportunas, neste ensejo, as palavras de Roque Carrazza quando, ao tratar desse mesmo tema, houve por bem deixar consignado ser "o momento de recordarmos as velhas lições da doutrina germânica, no sentido de que toda outorga de competência encerra, ao mesmo tempo, uma autorização e uma limitação".[30]

Assim – podemos perceber –, a espécie tributária *taxa* independe de qualquer manifestação do contribuinte. O que dá ensejo a obrigação tributária que tenha como objeto uma taxa, ao contrário da espécie tributária *imposto*, é uma determinada atuação estatal que atinja, de modo específico e direto, o administrado.

Sabe-se, outrossim, que a obrigação tributária de se pagar um dado tributo tem origem na ocorrência concreta, no mundo em que vivemos, do fato abstratamente previsto na materialidade da respectiva hipótese de incidência tributária.

30. *Curso* ..., 19ª ed., p. 478.

CARACTERÍSTICAS DA MODALIDADE TRIBUTÁRIA "TAXA"   37

Assim, um imposto, como espécie de tributo, nascerá com sua previsão legal, tornando-se, entretanto, uma obrigação tributária apenas com a ocorrência , *in concreto*, daquele fato eleito pelo legislador para figurar como materialidade de sua hipótese de incidência, quer seja esta um comportamento do contribuinte (como, por exemplo, prestar serviços em caráter negocial, em que poderá incidir o ISS), quer seja uma situação em que ele se encontre (como, por exemplo, ser proprietário de imóvel – sujeito passivo, pois, de IPTU).

A mola propulsora da taxa, por sua vez, para o nascimento da obrigação tributária, em nada se conjuga com a vontade do particular, contribuinte, ou situação em que ele venha a se encontrar. Para que o referido tributo seja cobrado é necessária a verificação concreta de uma atividade estatal regulada, anteriormente à lei tributária, por lei administrativa, e que seja tal atividade especificamente referida ao contribuinte, podendo a ele, às vezes, como já dissemos, ser até mesmo desvantajosa – no caso, por exemplo, de uma fiscalização e conseqüente imposição de multa a estabelecimento comercial contrário às normas sociais, quando do exercício do poder de polícia pelo Estado.

Basta, assim – respeitando-se, logicamente, as questões da necessidade de lei administrativa prévia, mais à frente enfocada, e da referibilidade direta com o administrado –, uma atuação do Estado, ou seja, sua vontade política. Não a vontade de atuar, já que para isso encontra-se legalmente obrigado; mas sim a vontade de tributar, que só dependerá – isto, sim – dessa sua atuação, anteriormente prevista numa dada lei administrativa, e que se refira de forma direta ao administrado.

Daí Geraldo Ataliba haver designado tal tributo – taxa – de *tributo vinculado* ("vinculado ... a uma ação estatal"[31]), ao contrário do imposto, que figura em nosso sistema constitucional tributário como um tributo não vinculado a qualquer agir do Estado.

Assim, temos que a materialidade da hipótese de incidência dos impostos evidencia, sempre, acontecimentos ou situações que denotem, simplesmente, uma capacidade econômica: "vender", "auferir renda", "importar" etc. De forma oposta, pois, na taxa, cuja materialidade de sua hipótese de incidência revelará uma ocorrência sempre relacionada a uma atuação estatal, de prestação ou disponibilização de um serviço público ou de exercício de poder de polícia.

31. *Hipótese de Incidência Tributária*, p. 152.

Desta forma, essa modalidade tributária denominada *taxa* é uma obrigação legal daqueles que se encontrarem como destinatários diretos de determinadas atividades estatais exercidas com base em lei e previamente inseridas, pelo Estado, também, em suas respectivas leis tributárias.

Por serem, antes de tudo, atuações estatais, desencadeadas sempre por imperativo legal, através de lei administrativa, além de constitucionalmente previstas para figurarem, também por meio de lei (tributária), como materialidades das taxas, encontram-se tais atuações reguladas sob o regime jurídico de direito público.

Não é permitido, pois, salvo exceções constitucionais, mais à frente analisadas, que tais atuações sejam produzidas *diretamente* por particulares ou empresas privadas, já que tais são desencadeadores de fatos regidos pelo regime jurídico de direito privado, numa relação manifestamente contratual, mas apenas de forma *indireta*, pelos institutos da concessão ou permissão – sem que, neste último caso, isso signifique a perda da característica de público do referido serviço, para cuja análise mais detida reservaremos momento próprio.

Ademais, como já fizemos notar, sem lei não pode o Estado nem mesmo agir – vale dizer, prestar ou disponibilizar um determinado serviço público, específico e divisível, ou exercer, de forma efetiva, seu poder de polícia.

Daí decorre que uma adequada tributação por meio de taxas não depende apenas de serem colocadas aquelas atuações estatais, relacionadas diretamente com o administrado, como materialidades da hipótese de incidência dessa modalidade tributária.

Isto significa não ser suficiente para sua cobrança a existência singela de uma dada lei tributária prevendo o pagamento de uma taxa por direta atuação estatal em face do administrado, seja de prestação ou disponibilização de um serviço público, específico e divisível, seja pelo efetivo exercício de um poder de polícia.

Realmente, apenas e tão-somente uma dada lei tributária, com as referidas hipóteses de incidência, além de uma referibilidade imediata com seu sujeito passivo não garantem uma tributação válida por meio desta exação tributária – sendo tal abordagem, de forma mais detida, o objeto de nossas próximas atenções.

2. *Necessidade de lei administrativa anterior à ocorrência do fato imponível*

Para que isto ocorra – vale dizer, para que uma determinada taxa possa ser cobrada corretamente – será necessário que tais atuações es-

CARACTERÍSTICAS DA MODALIDADE TRIBUTÁRIA "TAXA"   39

tatais estejam previstas anteriormente em lei, condicionando-se, por sua vez, a atividade tributante do Estado a uma dupla edição normativa.

Em outras palavras, as pessoas políticas tributariamente competentes deverão, por meio de uma primeira lei, de natureza administrativa, disciplinar não só a prestação do serviço público como, também, o exercício do poder de polícia.

Somente depois de exercer essa competência administrativa, porém, com base, agora, em uma segunda lei, de índole tributária, é que poderá o Estado cobrar a referida taxa tendo em vista aquelas suas respectivas atuações, se e quando verificadas, concretamente, no mundo em que vivemos, e que ensejam ao administrado diretamente alcançado a obrigação de pagar essa espécie tributária.

Neste ensejo, oportunas as palavras de Eduardo Bottallo:

"Logo, inexistindo tal 'atividade' previamente descrita em lei de conteúdo administrativo, deixa de existir, por conseqüência, fato gerador do tributo, o que não autoriza qualquer consideração que venha sustentar a exigibilidade da pretensão fiscal.

"Pouco importa ter a legislação tributária municipal contemplado a taxa em questão: isto não é, a toda evidência, suficiente para que a mesma possa ser validamente cobrada."[32]

A ocorrência do fato imponível está a depender, portanto, sob o atual enfoque, da previsão legal da materialidade da respectiva hipótese de incidência da taxa em âmbito administrativo, sem o quê não haverá possibilidade de tributação por meio de taxa, revelando-se inócua qualquer previsão tributária hipotética, que, a par de não se revelar, por esse motivo, inconstitucional, será de aplicação despicienda até que haja a respectiva regulação administrativa da atuação estatal.

3. Sua correspectividade "unidirecional"

Não há negar, realmente, que toda essa noção acerca da modalidade tributária *taxa* acabe por nos levar a uma idéia de troca de utilidades entre Estado e administrado, como sujeito passivo, contribuinte. Ao contrário do que ocorre com o imposto, como tributo não vinculado a uma determinada atuação estatal, é necessário, realmente, para que o Estado possa cobrar uma dada taxa, que o mesmo venha a realizar algo

32. "Taxa de licença (Taxa municipal de renovação de licença de funcionamento de estabelecimentos comerciais e industriais – Requisitos para sua instituição e cobrança)", *RDTributário* 52/190.

40   TAXAS – LIMITES CONSTITUCIONAIS

referido ao contribuinte (administrado), a ser atingido, desta feita, de forma direta por essa atuação.

Daí Pasquale Russo, citado por Roque Carrazza, haver pensado em termos de que a taxa "'é uma prestação que se inspira no princípio da correspectividade'",[33] justamente – segundo Roque Carrazza – no sentido de troca de utilidade, de comutatividade.[34] Um tributo, a nosso ver, contraprestacional: à prestação da atuação estatal encaixa-se a taxa, como imediata contraprestação (num contexto – veremos – apenas unidirecional).

Nesse sentido, ainda, seria uma forma de prestigiar o próprio princípio da igualdade, uma vez que apenas aqueles que sejam alcançados diretamente por uma dada atuação estatal – e somente eles – é que devem suportar o encargo de ressarcir[35] o Estado pelos gastos que este efetuou no desenvolver de suas atividades. É uma forma de compensar a sociedade por uma atuação custosa que certo administrado provocou ao Estado.

Realmente, a correspectividade presente nas taxas orienta o pronto ressarcimento estatal pelo administrado alcançado com a respectiva atuação do Estado, pois tal correspectividade verifica-se no sentido, também, de que se o Poder Público, de certa forma, atuou para o administrado, tendo gasto somas de dinheiro para tanto, nada mais justo para os demais integrantes da sociedade que aqueles que foram atingidos, uma vez identificados em face da correspondente atuação, assumam os referidos custos, na proporção em que os desencadearam.

Tudo isso de forma a não se privilegiar apenas um grupo de administrados que venham a receber, por exemplo, um dado benefício do Poder Público, como um serviço público, sem que para tanto tenham que ressarcir o Estado, mantendo-se numa posição semelhante à daqueles administrados que, embora nada tenham a pagar, também nada têm a receber.

33. Pasquale Russo, *Manuale di Diritto Tributario*, 1ª ed., Milão, Giuffré, 1994, p. 22 – citado por Roque Carrazza, *Curso ...*, 19ª ed., p. 469.

34. *Curso ...*, 19ª ed., p. 469.

35. Segundo as lições de Juan Martín Queralt: "Las tasas tienen como objeto compensar a la Administración de aquellos gastos que han sido provocados por la actividad del contribuyente" ("Tasas y precios públicos", in José Juan Ferreiro Lapatza, Juan Martín Queralt e Francisco Clavijo Hernández e outros, *Curso de Derecho Tributario – Parte Especial – Sistema Tributario: los Tributos en Particular*, 13ª ed., p. 829).

CARACTERÍSTICAS DA MODALIDADE TRIBUTÁRIA "TAXA" 41

Sob esse ponto de vista, entendemos que a questão da gratuidade da ação estatal – que mais à frente estaremos estudando –, por sua vez, tanto na prestação de um serviço público como no exercício do poder de polícia, somente se justifica, sem que resulte em qualquer afronta ao princípio da igualdade, no caso de estar-se protegendo um valor maior prestigiado pela própria Constituição Federal, passível de ser abarcado, de forma não-onerosa, indistintamente, por qualquer administrado que dele venha a necessitar, ainda que outros, num certo momento, dessa atuação possam prescindir.

É o caso, por exemplo, do serviço público de vacinação, prestado gratuitamente aos administrados como forma de preservar a saúde pública, uma das bases de dada comunidade. Quem dele precisar tê-lo-á gratuitamente, sem que isso afronte a igualdade em relação àqueles que não tiveram qualquer benefício, por falta de sua necessidade. Nesse caso, o valor maior a ser preservado permite e legitima uma atuação estatal benéfica gratuita, embora de alcance limitado aos administrados.

Assim, também, de acordo com Roque Carrazza: "(...) por força do princípio da igualdade, as pessoas alcançadas pelo serviço público ou pelo exercício do poder de polícia devem custear tais ações do Poder Público. São elas, afinal, que, de modo direto e imediato, provocam a ação estatal ou dela se beneficiam. Jurídico, pois, que seu patrimônio – e não o da comunidade, em geral – seja atingido pela taxa cabível (de serviço ou de polícia)".[36]

Retomando nossa trilha inicial, devemos atentar, contudo – ao menos assim pensamos –, a que a melhor interpretação que se deve ter em torno dessa concepção de troca de utilidade não é aquela tendente a qualificá-la em termos de reciprocidade. Explicando melhor nosso pensamento, poderíamos afirmar que a troca de utilidade se dá apenas e tão-somente no caso de ser colocado como parâmetro deste raciocínio o pagamento da taxa, e não a realização da atuação estatal.

Dessa forma, paga-se a taxa à Administração Pública por ter havido uma atuação estatal (prestação ou disponibilização de um serviço público, específico e divisível, ou o exercício do poder de polícia), mas não ocorre tal atuação por ter havido o pagamento de uma taxa.[37] As relações jurídicas não se confundem. São extemporâneas.

36. *Curso ...*, 19ª ed., p. 488.
37. Pertinente, neste contexto de raciocínio, a observação de Ives Gandra Martins, que afirma: "O poder tributante não exerce o poder de polícia para justifi-

42 TAXAS – LIMITES CONSTITUCIONAIS

Tentemos, ainda, aclarar um pouco mais este nosso entendimento. Considerando-se uma atuação estatal, e sendo esta passível de ser alcançada pela taxa, por determinação constitucional (art. 145, II), o Estado poderá exercer sua competência tributária, prevendo-a, hipoteticamente, para, se e quando ocorrida, dar nascimento a uma obrigação tributária para o administrado (contribuinte).

Isto significa dizer que o Estado está apto, sim, a exercer tributação por meio de taxa em razão de sua atuação estatal, sempre, conforme determinação constitucional – mas não que atua, de outra feita, porque pode instituir ou cobrar o referido tributo.

Ao contrário do que num primeiro momento se pode imaginar, a relação administrativa de atuação estatal encontra-se em um plano cronologicamente anterior à relação jurídica tributária que tem como objeto a taxa. Antes de tudo, a atuação estatal decorre por determinação legal, sem a qual, como já visto, não poderia nem mesmo existir.

Não age o Estado em razão do pagamento de uma taxa. Antes de tudo, age em razão da lei. Somente depois de uma dada lei administrativa regulando uma atuação estatal desencadeadora de taxa, com base, agora, em lei tributária que venha colocar a referida atuação no aspecto material da hipótese de incidência, é que poderá, com a concretização desta no mundo fenomênico, ser instaurada uma determinada relação jurídica tributária de se exigir tributos – no caso, taxas.

Dessa forma, a taxa, como obrigação tributária, nasce da realização de uma determinada atividade estatal, prevista na materialidade de sua hipótese de incidência, diretamente relacionada ao contribuinte. É – não nos esqueçamos – como que uma troca, porém unidirecional, com o Estado: este atua (com base na lei), e o contribuinte, tendo em vista sua atuação, paga uma determinada taxa – sendo fundamental, portanto, que o Estado realmente faça algo referido ao contribuinte.

Caso haja a atuação estatal, porém, sem que o contribuinte pague seu respectivo tributo devido – no caso, a taxa –, poderá o Estado utilizar-se de todos os meios jurídicos existentes para obter daquele o referido montante, como forma de remuneração de seu agir.

Jamais, entretanto, o Estado poderá fazer cessar sua respectiva atuação, parando de prestar ou disponibilizar um serviço público es-

---

car a cobrança da taxa pertinente, mas cobra a taxa relacionada porque exerce o poder de polícia" ("Comentários à Constituição do Brasil – Art. 145, I", in Celso Bastos e Ives Gandra da Silva Martins, *Comentários à Constituição do Brasil (Promulgada em 5 de Outubro de 1988)*, vol. 6, p. 44).

CARACTERÍSTICAS DA MODALIDADE TRIBUTÁRIA "TAXA"   43

pecífico e divisível ou de exercer seu poder de polícia, uma vez que tais atuações não se constituem, sob este ângulo – tornamos a repetir –, numa troca pelo pagamento da taxa pelo administrado. Esta, sim, já vimos, é dada em troca da atuação estatal que a ensejou. Daí designarmos, anteriormente, esta troca como *unidirecional*. Tal atuação estatal decorre, antes de se falar em qualquer relação jurídica tributária, de lei.

Essa troca de utilidades, decorrente da tributação por meio de taxa, portanto, dá-se, assim, apenas em sentido único, em que o contribuinte deve pagar a taxa em troca da atuação estatal (seu único móvel), que o atingiu de forma imediata. E só, já que o sentido inverso não ocorre, uma vez que o Estado atua não em troca do pagamento, pelo administrado, de uma dada taxa, mas apenas e tão-somente por imperativo legal.

É por isso que não concordamos, com a devida vênia, com algumas manifestações doutrinárias que atribuem às taxas um caráter sinalagmático,[38] uma vez que tal característica diz respeito a uma "dependência recíproca de obrigações".[39] Este termo, pois, há de ser compreendido sempre que as prestações forem causas umas das outras – e isso, como vimos exaustivamente, não ocorre com o tributo *taxa*, já que a prestação do administrado, a par de ter como causa a atuação do Estado (hipótese de incidência da taxa), desta não se apresenta como causa específica, já que as atuações estatais decorrem sempre de lei, dentro de um regime jurídico público.

---

38. Para Alberto Xavier:

"Não assim nas taxas. Aqui, o fundamento do tributo é a prestação da actividade pública, a utilização do domínio e a remoção do limite jurídico, e por isso estas realidades e a taxa que lhes corresponde encontram-se entre si ligadas por um nexo sinalagmático, em termos de uma se apresentar como contraprestação da outra. (...).

"Mas ao conceito de sinalagma não importa a equivalência econômica, mas a equivalência jurídica. E esta reflecte-se com nitidez no regime jurídico das taxas: não só as prestações recíprocas se devem efectuar em regra simultaneamente, como se uma delas não for cumprida o devedor da outra pode recusar o seu cumprimento" (*Manual de Direito Fiscal I*, pp. 44-45).

Referindo-se a esse autor, Paulo de Barros Carvalho, por sua vez, assim se manifestou: "Em qualquer das hipóteses previstas para a instituição de taxas – prestação de serviço público ou exercício do poder de polícia – o caráter sinalagmático deste tributo haverá de mostrar-se à evidência, (...)" (*Curso de Direito Tributário*, 10ª ed., p. 31).

39. Cf. Maria Helena Diniz, *Curso de Direito Civil Brasileiro – Teoria das Obrigações Contratuais e Extracontratuais*, 9ª ed., vol. 3, p. 61.

44 TAXAS – LIMITES CONSTITUCIONAIS

Utilizando-nos – para uma melhor compreensão deste raciocínio – de uma esquematização gráfica, temos que a correspectividade, em matéria de taxas, apresenta-se como uma "rota" de apenas um sentido. Vejamos:

$$C \Longrightarrow A \Longrightarrow B$$

(A: atuação estatal – B: pagamento da taxa – C: Lei)

Tem-se A porque houve C / Tem-se B porque houve A

Apenas para lançarmos uma primeira idéia sobre o que será tratado mais à frente, em momento adequado, cumpre-nos, neste momento, deixar registrado que essa comutatividade existente entre a atuação estatal e o respectivo pagamento de taxa, a par de sua verificação apenas *unidirecional*, será também, sempre, limitada, proporcional, ainda que de maneira aproximada, ao valor dessa mesma atuação estatal, de forma a retribuir o Estado pelos gastos correspondentes que acabou efetuando. Não por outra razão, tem-se que o *princípio informador* das taxas é o princípio da retributividade.

4. Momento de sua cobrança

Ainda em relação às taxas, genericamente consideradas, temos que a atuação estatal consistente na prestação de um serviço público específico e divisível ou no exercício do poder de polícia não precisa, necessariamente, preceder a sua cobrança pelo Estado, ou por quem lhe faça as vezes.

Realmente não, desde que o Estado não somente esteja materialmente aparelhado para atuar – isto é, para prestar o serviço público específico e divisível (no caso das taxas de serviço) ou para realizar as diligências necessárias à prática do ato de polícia (no caso das taxas de polícia) – como, também, no caso das referidas taxas de serviços, que se esteja diante de serviços de utilização *facultativa*.

Tentemos explicitar melhor essa idéia. Caso a atuação estatal consista numa prestação de serviço público específico e divisível cuja fruição, em dadas condições, não se mostre obrigatória ao administrado, nada obsta a que o Estado, sendo ao menos provocado por aquele, que dá indícios concretos acerca da eventual utilização do serviço público, venha a cobrar a respectiva taxa no caso de estar aparelhado materialmente para a referida prestação de serviço.

CARACTERÍSTICAS DA MODALIDADE TRIBUTÁRIA "TAXA"   45

É o caso do serviço público de correio, cuja fruição é facultativa, já que nenhum valor constitucionalmente enaltecido acaba por abarcar. Sua cobrança ocorre, realmente, com a mera provocação do administrado (no caso, com o início da postagem) – antes, pois, de a correspondência ser entregue ao destinatário final –, sendo condição para tanto que o Estado esteja materialmente aparelhado para a prestação do referido serviço.

Esse pensamento encontra respaldo na doutrina de Roque Carrazza: "De fato, num primeiro instante, há o recolhimento da taxa (por meio da inutilização do selo ou da estampilha, previamente adquiridos a preço muito superior ao seu valor intrínseco) e, em momento posterior, a prestação deste serviço público federal (dito 'postal' ou 'de correio'). Não vemos nisto qualquer irregularidade, já que a União, por intermédio da 'Empresa Brasileira de Correios e Telégrafos', está materialmente aparelhada para prestar este serviço público, imediatamente após recolhida a taxa específica".[40]

Esse tipo de serviço (correio), de fruição facultativa, num primeiro momento, somente daria ensejo à cobrança de taxa após sua prestação. Ora, havendo tal atuação, jus faz o Estado à respectiva remuneração via taxa de serviço. Como, entretanto, o Estado já pode se encontrar materialmente aparelhado para prestá-lo, quando já provocado pelo administrado, poderá, por seu turno, deste cobrar a respectiva taxa antes mesmo de efetivar ou concluir a respectiva prestação do serviço.[41]

---

40. *Curso* ..., 19ª ed., p. 574, nota 156.

41. Trata-se de uma interpretação pragmática, com vistas a propiciar o perfazimento concreto de uma dada norma jurídica, como em nosso caso, de forma a não se inviabilizar tal serviço público (de correio), o que de certo ocorreria caso sua remuneração se desse somente após a conclusão do referido serviço, que, por sua vez, apresenta-se plenamente apto a ser efetivado.

Nesse contexto, Goffredo da Silva Telles Júnior verbera:

"Se a aplicação da lei a um caso concreto produzir efeito contrário ao que ela pretende, aplicá-la equivale a violá-la, porque será contrariar o seu pensamento, o seu espírito.

"(...). Miguel Reale escreveu: 'uma norma é sua interpretação'. Impossível dizer melhor (*Filosofia do Direito*, 5ª ed., Parte II, Título X, Capítulo XXXVIII, p. 214). Mas é evidente que a interpretação há de ser correta. Há de ser uma interpretação de jurista, ou seja, uma interpretação mais preocupada com a intenção, o espírito da lei, do que com o sentido literal da mesma.

"Na interpretação literal das leis, mais importante que o rigor da lógica racional é o entendimento razoável dos preceitos, porque o que se espera inferir das leis

46 TAXAS – LIMITES CONSTITUCIONAIS

Em relação ao serviço público de coleta de esgoto domiciliar, contudo, nosso raciocínio é diferente. Trata-se, neste caso, de um dos vários exemplos de serviços públicos tidos pela Constituição como de fruição compulsória, sempre que o administrado colocar-se numa situação de necessidade de utilização de um serviço dessa natureza, como expressão de um valor maior a ser protegido.

Ou seja, tal ocorrendo, considerando-se o exemplo sugerido, deverá o administrado utilizar-se do respectivo serviço público prestado pelo Estado, uma vez que estará em jogo a saúde pública, como valor protegido por nossa Constituição Federal. É uma forma de a sociedade, mediante o Estado, manter todos os valores que de certa forma foram, diferenciadamente, prestigiados pela Carta Maior, deixando-os sob controle e organização exclusivamente estatal, numa tentativa de garantia de que tais e quais resultados sejam realmente alcançados, de forma eficaz, por toda a comunidade.

Esse serviço, sendo, por sua vez, de fruição compulsória, poderá dar origem à tributação por meio de taxa pela sua mera disponibilidade, visando à manutenção deste próprio sistema de disponibilização, quando a taxa terá, nesta situação, como limite quantitativo o respectivo custo dessa manutenção.

Não é possível, nesse caso, qualquer outra forma de cobrança antecipada, nos moldes mais acima sugeridos, como que se considerando os custos integrais de um eventual serviço efetivamente prestado.[42] Nesses casos, salvo a tributação pela disponibilização, qualquer outra forma de cobrança somente será possível com a concretização da atuação estatal.

Quanto à taxa de polícia, por sua vez, nada obsta, também, à sua cobrança antecipada, desde que o Estado, ou quem lhe faça as vezes, da mesma forma que para as taxas de serviços, esteja materialmente

não é, necessariamente, a melhor lógica, mas uma justa e humana solução (Recaséns Siches, *Nova Filosofia de Interpretação do Direito*, ed. Fondo de Cultura Económica, México/Buenos Aires, s/d, Capítulo III)" ("O chamado Direito alternativo – Interpretação razoável", *Revista da Faculdade de Direito da Universidade de São Paulo* 94/94-97).

42. Quanto à possibilidade de cobrança antecipada, Roque Carrazza assim se manifestou: "Na taxa de serviço *posto à disposição*, no entanto, inexiste tal possibilidade: o serviço público deve, necessariamente, preceder a cobrança da exação" (*Curso ...*, 19ª ed., p. 493).

CARACTERÍSTICAS DA MODALIDADE TRIBUTÁRIA "TAXA"   47

estruturado para a atuação estatal[43] – vale dizer, apto a exercer efetivamente seu poder de polícia.[44]

Devemos ressaltar que a taxa de polícia é cobrada como conseqüência de um efetivo exercício do poder de polícia. É uma taxa em razão desse exercício, ou seja, em razão das suas respectivas diligências (vistorias, avaliações, medições, exames periciais etc.), e não por atos propriamente de polícia, ou seja, o resultado em si considerado, economicamente inapreciável.

Daí o Estado se remunerar, por meio da taxa de polícia, pelos custos para o desfecho do exercício do seu poder de polícia, isto é, daquelas diligências que levaram à prática, ao resultado do ato propriamente de polícia. São remunerados com as taxas de polícia os custos com as diligências direcionadas à obtenção de uma dada *conclusão* ou um dado *resultado*. Não se paga, dessa forma, pelo resultado, positivo ou não, mas, sim, pelo conjunto de procedimentos e diligências que o desencadearam.

Portanto, ainda que os resultados ou conclusões alcançados com o efetivo exercício do poder de polícia sejam desfavoráveis ao administrado – como no caso de sua pretensão ser indeferida –, ainda assim será devida a respectiva taxa de polícia, de forma a remunerar o Estado, ou quem lhe faça as vezes, pelas diligências ou procedimentos que a Administração Pública foi obrigada a desencadear no exercício do poder de polícia. Ou, ainda, pelos que irá desencadear, desde que, contudo, de forma efetiva (caso a cobrança seja anterior).

Oportunas, neste ensejo, as lições de Roque Carrazza: "Na taxa de polícia, o contribuinte não paga pelo *sim*, pelo *defiro*, pelo *concedo*, pelo *nada que opor*; em suma, pela remoção do obstáculo jurídico que o impedia de instalar-se, de construir, de funcionar etc. Ela remunera

43. Queremos consignar, ainda, que, nos casos em que a cobrança anterior à atuação estatal venha a ocorrer, o fato de o Estado estar materialmente aparelhado para atuar revela-se não como uma justificativa da referida cobrança, mas, antes de tudo, como um pressuposto de uma razão maior: não se inviabilizar a atuação estatal. Vale lembrar estarem fora desse contexto os serviços de fruição compulsória, já que permitem uma tributação por sua simples disponibilidade (taxa de serviço fruível), o que já garante a manutenção do respectivo agir estatal.

44. Como no caso de requerimento de uma certidão ou carteira de identidade, situações em que se dá o recolhimento da respectiva taxa antes mesmo da prática das diligências que levam à realização do ato de polícia, já que, nesse caso, o administrado efetua o pagamento do tributo antes da retirada dos citados documentos (cf. Roque Carrazza, *Curso* ..., 19ª ed., p. 574, nota 156).

48   TAXAS – LIMITES CONSTITUCIONAIS

as *diligências* e *procedimentos* que a Administração Pública foi (ou será) obrigada a levar a cabo para exercer o poder de polícia".[45]

Ainda, nesse sentido, Geraldo Ataliba: "Não são taxas *por* atos de polícia, porque, a rigor, o ato de polícia é aquele ato culminante – *sim* ou *não*, *defiro* ou *não defiro*, *pode* ou *não pode*; não é por esse ato que se paga, nem pelo resultado *positivo* ou *negativo*. Paga-se pela despesa que se causar para a regular edição desse ato, cuja produção válida requer que o Estado faça diligências de averiguação, verificação, medição, confrontação, exame; em uma palavra: fiscalização. E só depois de os depoimentos dos diversos funcionários chegarem aos autos é que será válido o ato da autoridade dizendo *sim* ou *não*. Dizendo *sim* ou *não*, a despesa já está feita".[46]

Tal se dá pelo fato de não possuir conteúdo econômico algum aquele ato administrativo culminante – como, por exemplo, aquele ato jurídico de dizer sim ou não, de deferir ou indeferir, de conceder ou não conceder –, que foi desencadeado pelos procedimentos e diligências levados a cabo pela Administração – estes, sim, passíveis de serem quantificados para uma tributação por meio de taxa de polícia.

Disto tudo, podemos afirmar não ser a taxa de polícia uma taxa por atos de polícia – ou seja, por aqueles atos culminantes –, mas sim, pelo exercício do poder de polícia, ou seja, pela prática de atos concretos de polícia, entendendo-se tais atos concretos como o conjunto de diligências e procedimentos que resultam, de forma efetiva, no ato propriamente de polícia, aquele ato culminante capaz de, realmente, caracterizar um poder de polícia efetivamente exercido, concluído.[47]

---

45. *Curso* ..., 19ª ed., p. 493 (grifos do original).

46. "Taxas e preços no novo Texto Constitucional", *RDTributário* 47/151 (grifos do original).

47. Neste ensejo, ainda, Eugênio Doin Vieira: "(...) a taxa é devida ainda que a certidão pedida resulte positiva, ou que a autorização pleiteada seja indeferida, ou que o registro seja denegado. Porque o que se remunera com a taxa não é a expedição do documento final, mas os serviços que a Administração precisou realizar previamente para decidir quanto à viabilidade e conteúdo do mesmo: pesquisas, perícias, expedientes burocráticos, averbações, vistorias e outros" ("Taxas – Algumas considerações propedêuticas", in Celso Antônio Bandeira de Mello (org.), *Estudos em Homenagem a Geraldo Ataliba 1: Direito Tributário*, p. 137).

Capítulo III

LIMITES CONSTITUCIONAIS DO ESTADO NA TRIBUTAÇÃO POR MEIO DE TAXA: REGRA-MATRIZ E PRINCÍPIOS CONSTITUCIONAIS

1. Esses limites e o adequado exercício da competência e capacidade tributárias

Por ser o Texto Constitucional a fonte máxima de nosso direito tributário – sendo supremas, como já vimos, suas normas (regras ou princípios) –, teremos o *adequado exercício*, apoiado constitucionalmente pelas pessoas políticas existentes (União, Estados, Distrito Federal e Municípios), da *competência* e *capacidade tributárias* como corolário máximo a ser verificado em matéria tributária.

Quanto à delimitação constitucional de competências em face das diversas pessoas políticas atuais, sua configuração apresenta-se – nas palavras de Roque Antonio Carrazza – como um reclamo impostergável dos princípios *federativo* e *da autonomia distrital e municipal*, quando, então, a instituição de tributos, sob as atuais diretrizes constitucionais, ficará adstrita seja aos seus princípios, gerais e tributários, seja à regra-matriz tributária então estabelecida.[1]

Realmente, a Carta Política, ao confirmar o caráter federativo do Estado Brasileiro, bem como tendo elevado os Municípios e o Distrito

---

1. Daí, ainda, tratar o autor nossa Constituição como sendo a Carta das Competências (*Curso de Direito Tributário*, 19ª ed., p. 436).

50   TAXAS – LIMITES CONSTITUCIONAIS

Federal à categoria de entes autônomos, acabou por discriminar, de forma taxativa e exaustiva, as diversas competências de cada uma das pessoas políticas.

Salientamos, ainda, que, por estarmos situados no campo das competências tributárias, conduzido sob uma ampla gama de disposições constitucionalmente estabelecidas, incorreta se mostra no Brasil qualquer referência a esse tema sob a expressão "poder tributário", já que o mesmo, opostamente, acaba por revelar um caráter *incontrastável* e *absoluto*.[2] Vale dizer: "poder tributário" é expressão que manifesta o poder de império do Estado, incondizente com a atual ordem jurídica, caso realmente queiramos acreditar que nos encontramos num verdadeiro Estado de Direito.

Ora, realmente, o Estado não atua, em especial na área tributária, de forma livre, na qual até se justificaria o uso daquela expressão ("poder tributário"), mas sim dentro de limites próprios do Direito, assegurados pela própria Carta Maior. Dessa forma, a atuação fiscal do Estado mostra-se *regrada*, *disciplinada*, *organizada* e *delimitada* pelo Direito, não nos restando outra opção senão pela utilização, correta, da expressão "competência tributária" como manifestação, sim, da autonomia da pessoa política, condicionada, entretanto, aos ditames de nosso ordenamento jurídico-constitucional.

Às pessoas políticas são conferidas, assim, pela Constituição Federal, diversas competências – dentre elas, de forma originária, a competência tributária, residindo seu fundamento de validade, como já mencionamos em linhas passadas, no próprio Texto Maior, supremo, justificando, por conseguinte, a necessidade de sua plena observância.

Utilizando-nos, nessa esteira de raciocínio, das lições de Paulo de Barros Carvalho, podemos afirmar que encontramos no âmbito da Carta Política certas normas que disciplinam a produção de *outras* normas. São as *normas de estrutura*, que trilham ao lado daquelas classificadas como de *comportamento*.[3]

Pois bem, indo agora mais diretamente ao ponto, pertenceriam àquela primeira categoria (*normas de estrutura*) as normas tratantes das competências, incluindo-se as tributárias, uma vez que acabam por especificar quem pode exercitá-las, de que forma e sob quais limites espaciais e temporais – ou seja, acabam por arquitetar os aspectos re-

2. Cf. Roque Carrazza, *Curso* ..., 19ª ed., p. 435.
3. Paulo de Barros Carvalho, *Curso de Direito Tributário*, 10ª ed., pp. 100-102.

REGRA-MATRIZ E PRINCÍPIOS CONSTITUCIONAIS 51

fletidos pelos princípios e pela regra-matriz tributária, condutores da atividade tributante estatal.

As normas respeitantes à competência tributária, desta feita, autorizam os Poderes Legislativos das diversas pessoas políticas a criarem, abstratamente, tributos. Para Luciano Amaro: "A competência engloba, portanto, um amplo poder político no que respeita a decisões sobre a própria criação do tributo e sobre a amplitude da incidência, não obstante o legislador esteja submetido a vários balizamentos (...)".[4]

Competência tributária é, portanto, a permissão, aptidão ou a faculdade para a criação, *in abstracto*, pelas pessoas políticas, de tributos, devendo a referida criação, por determinação do princípio da legalidade, exteriorizar-se, sempre, por meio de lei[5] (art. 150, I, da CF[6]) – ressaltando-se não ser qualquer lei, mas sim aquela emanada pela pessoa política competente, hábil a descrever todos os aspectos essenciais da norma jurídica tributária, em especial os que, de certa forma, interferem diretamente no *an* e no *quantum* do tributo: sua hipótese de incidência, seus sujeitos ativo e passivo, sua base de cálculo e sua alíquota.[7]

Neste sentido, valemo-nos, novamente, de Paulo de Barros Carvalho:

"Competência legislativa é a aptidão de que são dotadas as pessoas políticas para expedir regras jurídicas, *inovando* o ordenamento positivo. Opera-se pela observância de uma série de atos, cujo conjunto caracteriza o procedimento legislativo.

"Por força do princípio da legalidade (CF, art. 5ª, I), a ponência de normas jurídicas *inaugurais* no sistema há de ser feita, exclusivamente, por intermédio de lei, compreendido este vocábulo no sentido lato."[8]

Para o referido autor, portanto, podemos concluir que a competência tributária é uma das parcelas, refletida na instituição de tributos,

4. *Direito Tributário Brasileiro*, 2ª ed., p. 91.
5. Na sua maioria, por meio de lei ordinária.
6. "Art. 150. Sem prejuízo de outras garantias asseguradas ao contribuinte, é vedado à União, aos Estados, ao Distrito Federal e aos Municípios: I – exigir ou aumentar tributo sem lei que o estabeleça; (...)."
7. Neste contexto, Eduardo Bottallo: "Criação *in abstracto* de tributos com rigorosa obediência do procedimento estabelecido pela Constituição: eis, em essência, o que se entende por exercício de competência tributária" (*Fundamentos do IPI..*, cit., p. 31).
8. *Curso ...*, 10ª ed., p. 155 (grifos do original).

52 TAXAS – LIMITES CONSTITUCIONAIS

dentre as prerrogativas legiferantes, de que são possuidoras as pessoas políticas.

Noutras palavras, a competência tributária vem a ser a habilitação concedida pela Carta Maior às pessoas políticas para, querendo, e sempre por meio de lei, tributar. Àquele, ainda, a quem incumbe, constitucionalmente, a faculdade para instituição de tributos é dada, também, a faculdade, dentre outras coisas,[9] de aumentar a carga tributária (e isto se faz agravando-se a alíquota, a base de cálculo, ou ambas), diminuí-la (com o procedimento inverso) ou, até, suprimir a carga tributária, simplesmente pela não-tributação, ou, ainda, pela aplicação de isenções tributárias. Tudo isso, ressaltemos, por meio de lei, obviamente, *da pessoa política competente.*

Como estamos a perceber, a competência tributária insere-se no plano de uma atividade tributária em sentido *primário*, ou seja, no plano legislativo, perfazendo-se no momento da produção/criação legislativa, mostrando-se, desta feita, lógica e cronologicamente *anterior* ao nascimento da obrigação legal.[10]

Realmente, a relação jurídico-tributária somente será verificada quando realizada no mundo real, concreto, a hipótese até então abstratamente prevista na norma jurídica tributária. Ou seja, a obrigação legal de pagar um tributo apenas se dará com a ocorrência do fato imponível tributário, que requer a subsunção plena deste fato justamente aos aspectos abstratos da norma tributária, de existência, por óbvio, prévia.

9. Cf. Roque Carrazza, *Curso* ..., 19ª ed., p. 439.

10. Vejamos a doutrina de Alberto Xavier:

"O poder de instituir impostos coloca-se no plano da actividade tributária em sentido abstracto ou primário (...), sendo logicamente anterior à constituição de relações jurídicas de imposto. Já não assim a titularidade dos direitos de crédito em que o imposto se traduz, nem dos poderes instrumentais acima referidos, pois que uns e outros se referem a relações jurídicas já constituídas à sombra de normas editadas pelo poder de instituir tributos. Uns e outros situam-se no plano da actividade tributária em sentido concreto ou secundário, distinguindo-se porém por os primeiros revestirem natureza material e os segundos carácter instrumental.

"O poder de instituir impostos ou poder tributário *tout court* (*ius indicendi et collectandi*) é um poder de natureza legislativa em sentido material, o qual via de regra é exercido pelo Estado, no exercício da sua soberania, que assim se vê qualificada de *soberania fiscal*. E dizemos 'via de regra' porque ele pode revestir natureza regulamentar, nos limites previamente fixados na lei, caso em que pode também competir a outros entes públicos não soberanos, como as autarquias territoriais (...), hipótese em que o poder tributário tem carácter *derivado*" (*Manual de Direito Fiscal I*, p. 306).

REGRA-MATRIZ E PRINCÍPIOS CONSTITUCIONAIS 53

A competência é justamente a faculdade de editar essa lei tributária[11] que cria, *anteriormente ao nascimento da respectiva obrigação*, *in abstracto*, o tributo – daí ser possível caracterizar o exercício da competência tributária como um *prius* em relação ao efetivo nascimento da obrigação tributária, um *posterius*.

Servindo-nos das lições de A. A. Contreiras de Carvalho, no que tange a essa faculdade para instituição de tributos, temos que: "À competência para tributar, da União, dos Estados-membros, do Distrito Federal e dos Municípios, opõem as Constituições certos princípios limitativos, sob a forma de *vedações* ao seu exercício, umas com o escopo de imunizar pessoas e bens da *obrigação tributária*, outras visando à forma de exercerem seus titulares aquela competência".[12]

Nesse sentido, Roque Antônio Carrazza considera que: "As normas constitucionais que discriminam as competências tributárias encerram duplo comando: (1) habilitam a pessoa política contemplada – e somente ela – a criar, querendo, um dado tributo; (2) proíbem as demais de virem a instituí-lo".[13]

Exercitar a referida competência tributária, portanto, *equivale a utilizar-se daquela faculdade* para instituição de tributos. Vale dizer, equivale a *realizar, concretizar, fazer valer* aquela sua aptidão constitucionalmente outorgada.

Ora, como a instituição de tributos no Brasil condiciona-se à emanação da respectiva lei (ordinária ou complementar), pela pessoa política competente, em decorrência do próprio princípio da legalidade, o aludido exercício da competência tributária, podemos afirmar, esgota-se na lei.

Após esta ser emanada não há mais falar em competência tributária. Realmente não, já que o direito de se criar/instituir tributos já se terá verificado. Falar-se-á, a partir desse momento, em *capacidade tributária ativa*, como direito não de criar/instituir tais tributos, mas sim

---

11. Para Bernardo Ribeiro de Moraes: "Esta competência tributária compreende uma competência legislativa plena. Diante do princípio da legalidade tributária, que admite a criação de tributos somente através da lei, vemos que à competência tributária acha-se ligada à criação do tributo. O poder tributante fica, pois, com a faculdade de legislar sobre o tributo, devendo, para fazê-lo, definir o fato gerador da respectiva obrigação, a base de cálculo e o contribuinte" (*Compêndio de Direito Tributário*, p. 130).

12. *Doutrina e Aplicação do Direito Tributário*, p. 275 (grifos do original).

13. *Curso ...*, 19ª ed., p. 453.

de arrecadá-los, após a ocorrência, por óbvio, do fato imponível, concretizador de uma hipótese até então prevista abstratamente.

A bem da verdade, com o exercício da competência tributária temos que esta desaparece, exaure-se, dando lugar à referida capacidade tributária ativa. Nesses termos, a lição de Dino Jarach, traduzida pelo professor Roque Carrazza, ensina que: "'O poder estatal se esgota no momento em que o Poder Legislativo, portador do dito poder, em virtude de princípios constitucionais que o atribuem, baixa as normas substantivas que estabelecem os supostos objetivos e subjetivos da obrigação tributária. A partir deste momento, não existe mais relação de poder, senão relação jurídica de caráter obrigacional e relações administrativas e processuais, cujo propósito é a reafirmação da vontade da lei nos casos concretos'".[14]

Portanto, a Carta Superior acabou por discriminar competências para que as pessoas políticas, querendo – bastando vontade política para tanto (*o seu exercício é uma faculdade*) –, sempre por meio de lei, criem tributos e possam, em momento posterior, cobrá-los. A Constituição não criou, assim, os referidos tributos, apenas autorizou sua criação.[15]

Ao distribuir, rigidamente, às pessoas políticas – União, Estados, Distrito Federal e Municípios – suas respectivas competências tributárias, a Constituição acabou, assim, por indicar, afora os princípios condutores da ação legiferante tributária, os demais parâmetros advindos da *norma-padrão de incidência*, do *arquétipo genérico*, ou seja, da *regra-matriz de cada exação*, a serem observados, todos, pelo legislador competente, quando da instituição de tributos, com vistas, sempre, a uma lídima função tributante. São, neste trabalho, os nossos próximos passos.

14. Dino Jarach, *Curso Superior de Derecho Tributario*, Buenos Aires, Liceo Profesional Cima, 1969, p. 24 – citado por Roque Carrazza, *Curso ...*, 19ª ed., p. 441, nota 7.

15. E em alguns casos a desautorizou, instituindo as denominadas *imunidades tributárias* (exclusão expressa de competência tributária das pessoas políticas relativamente a determinados atos, fatos e pessoas). No caso das *taxas*, são exemplos de imunidades: art. 5º, XXXIV, "a" e "b", LXXIII, LXXIV, LXXVI, "a" e "b", e LXXVII; art. 226, § 1º; e art. 230, § 2º, da Constituição Federal. Referindo-se às imunidades dessa modalidade tributária, em suas diversas nuanças, destacam-se José Eduardo Soares de Melo (*Curso de Direito Tributário*, pp. 97-98), Aires Barreto e Paulo Ayres Barreto (*Imunidades Tributárias: Limitações Constitucionais ao Poder de Tributar*, 2ª ed., pp. 97-101) e Edgard Neves da Silva ("Taxas", in Ives Gandra da Silva Martins (coord.), *Curso de Direito Tributário*, 8ª ed., p. 761).

Capítulo IV

LIMITES DETERMINADOS POR SUA "REGRA-MATRIZ"

1. Considerações iniciais. 2. Limites quanto à materialidade de sua hipótese de incidência: 2.1 Taxa de serviço: conceito: 2.1.1 Noção jurídica de serviço público – 2.1.2 Substrato material do serviço público – 2.1.3 Traço formal do serviço público – 2.1.4 Limites para a caracterização de serviços como públicos: 2.1.4.1 Limites constitucionais decorrentes do campo da exploração econômica – 2.1.4.2 Limites quanto ao alcance de seu substrato material em relação a outras atividades estatais: 2.1.4.2.1 Considerações iniciais – 2.1.4.2.2 Obra pública não é serviço público – 2.1.4.2.3 Poder de polícia não é serviço público – 2.1.5 O elemento material dos serviços públicos e a atual Constituição Federal – 2.1.6 Os serviços públicos e a ação dos particulares – 2.1.7 Serviços públicos gerais e indivisíveis – 2.1.8 Serviços públicos específicos e divisíveis, como integradores do pressuposto material das taxas – 2.1.9 A tributação pela disponibilização de serviços públicos – 2.1.10 A compulsoriedade da fruição de certos serviços públicos – 2.1.11 A gratuidade na prestação de serviços públicos – 2.2 Taxa de polícia: conceito: 2.2.1 A questão da efetividade no exercício do poder de polícia – 2.2.2 O poder de polícia também deve ser específico e divisível – 2.2.3 A gratuidade e o exercício do poder de polícia – 2.2.4 Servidão administrativa e desapropriação não são espécies de poder de polícia – 2.3 Questão conexa: pedágio – 2.4 Questão conexa: taxas e preços públicos, como institutos que remuneram atuações estatais. 3. Limites quanto aos seus sujeitos ativo e passivo: 3.1 Sujeito ativo possível – 3.2 Sujeito passivo possível. 4. Limites quanto à sua base de cálculo: 4.1 Necessidade de correlação lógica com sua hipótese de incidência – 4.2 Vedação de utilização de base de cálculo própria de impostos. 5. A questão da alíquota nas taxas.

1. Considerações iniciais

Ao exercitar a competência tributária deverá o legislador, portanto, sob pena de desvirtuamento do tributo, seguir fielmente sua regra-matriz, pré-traçada na Constituição, atentando, sempre, desta feita, à sua hipótese de incidência possível, aos seus sujeitos ativo e passivo possíveis, à sua base de cálculo possível e à sua alíquota possível.

Em outras palavras, deverá o legislador (federal, estadual, municipal ou distrital) prestar, sempre, obediência às limitações jurídicas impostas pela Constituição Federal quando vier a desenhar uma dada norma tributária – no nosso caso, instituidora da modalidade tributária *taxa*.

Realmente, analisando-se a regra-matriz dos tributos, percebemos o direcionamento eleito pelo legislador constituinte no que tange à sua criação, quando revela não apenas a sua *hipótese de incidência possível*, como também seus *sujeitos ativo e passivo possíveis*, além de suas respectivas *base de cálculo* e *alíquota* também *possíveis*.

A falta de uma menção expressa, em nosso Texto Constitucional, acerca da base de cálculo e alíquota de nossos tributos, entretanto, não diminui qualquer certeza quanto aos seus respectivos direcionamentos, às suas respectivas regras, devendo-se essa assertiva aos próprios fundamentos de nosso direito constitucional tributário atual.

Tal se deve ao fato de a natureza de um tributo, em nosso Direito, por ser revelada pelo binômio hipótese de incidência e base de cálculo, imputar a essa base, longe de apenas quantificar um dado tributo, também a função confirmadora de sua real natureza.

Ou seja, se um dado tributo tem como materialidade de sua hipótese de incidência um fato "x", a base de cálculo desse tributo somente poderá ser uma medida desse fato, confirmando, assim, a materialidade de sua respectiva hipótese de incidência e, por conseguinte, confirmando o próprio tipo tributário.

Quanto à alíquota constitucionalmente possível, será aquela que não afronte o direito de propriedade, realizando, em relação aos impostos, ainda, por meio de sua graduação progressiva, a igualdade tributária em face das diferentes exteriorizações de capacidade contributiva.[1]

---

1. Ciente de tais limites, porém afirmando não decorrer a alíquota do Texto Maior, Renato Lopes Becho:

"(...) julgamos importante declarar que a alíquota é o único componente da regra-matriz tributária que não conseguimos identificar na Constituição Federal.

LIMITES DETERMINADOS POR SUA "REGRA-MATRIZ"   57

Neste ensejo, julgamos pertinentes as lições de Roque Antônio Carrazza:

"A Constituição, ao discriminar as competências tributárias, estabeleceu – ainda que, por vezes, de modo implícito e com uma certa margem de liberdade para o legislador – a *norma-padrão de incidência* (o *arquétipo*, a *regra-matriz*) de cada exação. Noutros termos, ela apontou a *hipótese de incidência possível*, o *sujeito ativo possível*, o *sujeito passivo possível*, a *base de cálculo possível* e a *alíquota possível*, das várias espécies e subespécies de tributos. Em síntese, o legislador, ao exercitar a competência tributária, deverá ser fiel à *norma-padrão de incidência* do tributo, pré-traçada na Constituição. (...)".

"Isto vale, inclusive, para a base de cálculo e a alíquota de cada tributo, que também encontram seus paradigmas na Constituição Federal.

"O *tipo tributário* é revelado, no Brasil, após a análise conjunta da *hipótese de incidência* e da *base de cálculo* da exação. Assim, a Lei das Leis, ao discriminar as competências tributárias das várias pessoas políticas, estabeleceu, igualmente, as *bases de cálculo "in abstracto"* dos vários tributos federais, estaduais, municipais e distritais. Melhor esclarecendo, se o tributo é sobre a renda, sua base de cálculo deverá, necessariamente, levar em conta uma medida da renda (*v.g.*, a renda líquida); se o tributo é sobre a propriedade, sua base de cálculo deverá, necessariamente, levar em conta uma medida da propriedade (*v.g.*, o valor venal da propriedade); se o tributo é sobre serviços, sua base de cálculo deverá, necessariamente, levar em conta uma medida dos serviços (*v.g.*, o valor dos serviços prestados). Os exemplos poderiam ser multiplicados, até porque a base de cálculo e a hipótese de incidência de todo e qualquer tributo devem guardar sempre uma relação de inerência. Em suma, a base de cálculo há de ser, em qualquer tributo (imposto, taxa ou contribuição de melhoria), uma medida da materialidade da hipótese de incidência tributária.

"Já, a alíquota (critério legal que, conjugado à base de cálculo, permite discernir o *quantum debeatur*), embora possa variar, não deve imprimir ao tributo feições confiscatórias (art. 150, IV, da CF), agui-

(...). Isso porque o constituinte originário não entendeu por fazê-lo, deixando a cargo do legislador infraconstitucional essa tarefa. (...).

"Por outro lado, determinou o constituinte limites para essa fixação, encontráveis, por exemplo, nos princípios da capacidade contributiva e da proibição ao confisco" (*Sujeição Passiva e Responsabilidade Tributária*, p. 61).

58   TAXAS – LIMITES CONSTITUCIONAIS

lhoando, deste modo, o direito de propriedade (arts. 5º, XXII, e 170, II, da CF)."[2]

Partamos, assim, para a análise específica acerca dos limites advindos da regra-matriz constitucional no que diz respeito à tributação por meio de taxa.

2. Limites quanto à materialidade de sua hipótese de incidência

Dois são os limites relacionados à materialidade da hipótese de incidência da modalidade tributária *taxa*. Conforme a regra-matriz deste tributo, como já vimos em tópico anterior, o Estado apenas poderá colocar como pressuposto de uma ação instituidora de taxa ou a prestação ou disponibilização de um serviço público, que seja, ainda, específico e divisível, ou o exercício efetivo do poder de polícia, desde que, veremos, atinjam de forma direta o administrado.

A essas primeiras limitações estaremos, desde já, desviando nossas atenções, analisando, por conseguinte, mais pormenorizadamente tanto a instituição de taxa de serviço como a de taxa de polícia. É o que se segue.

2.1 "Taxa de serviço": conceito

Taxa de serviço é a modalidade de tributo que tem como materialidade de sua hipótese de incidência uma atuação estatal que consiste na prestação ou disponibilização (em certos casos, como veremos) de um *serviço público*, específico e divisível, imediata e diretamente referida a alguém.

Para compreendermos devidamente como vem a se desenvolver esse primeiro limite material na instituição de uma taxa, julgamos necessário um entendimento individualizado de todos esses aspectos caracterizadores do conceito dessa respectiva modalidade tributária. Em outras palavras, é imprescindível uma exata idéia, pormenorizada, do que vem a ser, primeiramente, para o Direito, um *serviço público* e o que vem a torná-lo, ainda, *específico* e *divisível*, como condição da referida tributação. É o que tentaremos demonstrar, utilizando-nos, quando preciso, de forma sempre objetiva, e limitada ao nosso tema, do direito administrativo – âmbito em que as atividades públicas se encontram disciplinadas.

2. *Curso de Direito Constitucional Tributário*, 19ª ed., p. 448, e nota 20, p. 449 (grifos do original).

2.1.1 Noção jurídica de "serviço público"

Serviço público, desta feita, de acordo com Celso Antônio Bandeira de Mello, é "toda atividade de oferecimento de utilidade ou comodidade material destinada à satisfação da coletividade em geral, mas fruível singularmente pelos administrados, que o Estado assume como pertinente a seus deveres e presta por si mesmo ou por quem lhes faça as vezes, sob um regime de direito público – portanto, consagrador de prerrogativas de supremacia e de restrições especiais –, instituído em favor dos interesses que houver definido como públicos no sistema normativo".[3]

Nesse sentido, somente será serviço público aquela atividade estatal consistente numa prestação (ou disponibilização, em alguns casos) de uma utilidade ou comodidade material, fruível individualmente pelo administrado, no caso de essa atuação vir a ser regida por um regime específico – nesse caso, pelo regime de direito público,[4] regime administrativo.[5] Veremos mais adiante, em item próprio (v. itens 2.1.5

---

3. *Curso de Direito Administrativo*, 15ª ed., p. 612. Para esse autor, aliás, essa noção jurídica, ou qualquer outra que venha a ser estabelecida, somente se justifica pelo fato de haver uma correspondência específica de seu substrato a um peculiar regime jurídico. É o que ocorre, portanto, com essa noção de *serviço público*, apenas elevada à categoria de noção jurídica por sua vinculação particular ao regime jurídico de direito público, no caso, administrativo, sendo, então, somente nessa hipótese, útil ao Direito.

Realmente, um contexto conceptual assim desenvolvido – ou seja, relacionado a determinado regime de Direito – acabaria por nos permitir, por certo, a associação de um instituto jurídico a determinado conjunto de regras e princípios que lhe sejam próprios, vale dizer, a um regime de Direito que lhe seja peculiar, diretivo quando do deslinde dos mais variados problemas jurídicos. Daí o autor haver elevado o conceito jurídico como um "ponto terminal de regras, um termo relacionador de princípios e normas" (idem, p. 615).

4. Acerca da referida noção de *serviço público* estabelecida por Celso Antônio Bandeira de Mello, Wagner Balera, por sua vez, observa: "Merece destaque nesse conceito a colocação no sentido de a atividade ser prestada sob regime de direito público. O mesmo autor elucida que será o regime jurídico o fator de identificação de uma determinada atividade como sendo pública" ("Taxa e preço unitário", *Caderno de Pesquisas Tributárias* 10/261).

5. Para Lúcia Valle Figueiredo: "Serviço público é toda atividade material fornecida pelo Estado, ou por quem esteja a agir no exercício da função administrativa se houver permissão constitucional e legal para isso, com o fim de implementação de deveres consagrados constitucionalmente relacionados à utilidade pública, que deve ser concretizada, sob regime prevalente do direito público" (*Curso de Direito Administrativo*, 6ª ed., pp. 78-79).

60 TAXAS – LIMITES CONSTITUCIONAIS

e ss.), ser esse o motivo pelo qual um serviço público desencadeia, sempre, uma taxa, e nunca um preço (tarifa).

Pois bem, temos, então, que o serviço público se compõe de dois elementos fundamentais, sem os quais não se é possível, ao menos legitimamente, defini-lo como tal, quais sejam, os elementos *material* (seu substrato) e *formal* (seu regime jurídico), para os quais desviaremos, a partir deste momento, nossas próximas atenções.

2.1.2 Substrato material do serviço público

Esse primeiro elemento intrínseco à noção de serviço público diz respeito, pois, como o próprio título deste tópico nos induz a pensar, ao seu alcance puramente material, ou seja, àquelas ações estatais que resultam, quando associadas ao regime de direito público – fundado, acima de tudo, na legalidade –, em serviços públicos. Ou seja, são aquelas matérias, aqueles objetos, que podem identificar um serviço como sendo público, bastando, para tanto, estarem associados ao regime jurídico publicístico.

Realmente, o serviço público apresenta uma materialidade que lhe é própria; e, tendo em vista ser a atuação do Estado em forma de serviço público apenas uma das suas várias manifestações, no desenvolvimento de suas prerrogativas, a análise correta dessa exata materialidade torna-se fundamental no que diz respeito à sua real significação jurídica, confirmando-se, outrossim, sua diferenciação em face das outras formas de atuação estatal existentes – como, exemplificativamente, a execução de obras públicas, o exercício do poder de polícia etc. –, com as quais um serviço público não se confunde.

Dessa forma, será elevada, teoricamente, à entidade jurídica de serviço público, sob o manto da legalidade (portanto, sob o regime de direito público), aquela atividade material do Estado consistente em "propiciar" ao administrado o gozo de uma necessidade básica material, traduzida – nas palavras de Celso Antônio Bandeira de Mello – no "oferecimento, *aos administrados em geral*, de *utilidades e comodidades materiais* (como água, luz, gás, telefone, transporte coletivo etc.) singularmente fruíveis pelos administrados que *o Estado assume como próprias*, por serem reputadas imprescindíveis, necessárias ou apenas correspondentes a conveniências básicas da sociedade, em dado tempo histórico. Aliás, é por isto que as presta *sob regime de direito público*, diretamente ou através de alguém por ele qualificado para tanto".[6]

6. *Curso* ..., 15ª ed., pp. 615-616 (grifos do original).

LIMITES DETERMINADOS POR SUA "REGRA-MATRIZ" 61

Assim, o substrato material do serviço público diz respeito àquelas atividades,[7] ensejadoras de utilidades ou comodidades materiais, necessárias ou apenas convenientes que o Estado assumiu para si próprio, em face dos valores maiores pelas mesmas abarcados, tendo-as, por isso mesmo, retirado da esfera do comércio privado, não as integrando no campo da livre iniciativa, como exploração de atividade econômica, limitando suas atuações – isto, sim – dentro de uma abrangência adstrita ao regime de direito público.

Dessa forma, os serviços públicos têm a ver com aquelas utilidades ou comodidades que são fundamentais em uma sociedade (necessárias ou convenientes), e que por isso foram colocadas sob atuação exclusiva do Estado ou de quem lhe faça as vezes, dentro de um regime, decisivo, de direito público,[8] ressalvando-se, entretanto, uma expressa exceção contida nos campos da saúde e educação, passíveis, estes serviços, também de interferências pelos particulares, sobre o que mais à frente estaremos discorrendo.

2.1.3 Traço formal do serviço público

Vimos que os serviços públicos exigem a abrangência de uma determinada matéria, dotada de certa natureza peculiar – ou seja, referem-se àquelas utilidades ou comodidades materiais fruíveis individualmente pelo administrado. Contudo, apenas essa natureza ou, ainda, seu nome jurídico de nada valem, isoladamente, para a caracterização dessas utilidades ou comodidades, perante o Direito, como serviços públicos.

Realmente, para que isso ocorra, agora, sim, será fundamental sua vinculação ao regime jurídico de direito público, quando, então, poderemos denominar tais atividades *estatais*, ou seja, tais atuações como sendo *legítimos* serviços públicos. É que os dois elementos do conceito de serviço público – quais sejam, o material e o formal – estariam, a partir deste momento, convivendo harmoniosamente.

---

7. Para Hely Lopes Meirelles, são atividades "para satisfazer necessidades essenciais ou secundárias da coletividade ou simples conveniências do Estado" (*Direito Administrativo Brasileiro*, 28ª ed., p. 319).

8. Para o denominado criador da "Escola de Serviço Público", Léon Duguit, citado e traduzido por Celso Antônio Bandeira de Mello, *serviços públicos* seriam aqueles indispensáveis "à interdependência social, de tal modo que não poderiam ser prestados senão com a intervenção da força governante" (*Traité de Droit Constitutionnel*, 2ª ed., vol. II, 1923, p. 55, *apud* Celso Antônio Bandeira de Mello, *Curso ...*, 15ª ed., p. 613, nota 2).

Nesse sentido Roque Carrazza, para quem não é sua natureza ou qualquer propriedade que lhe seja intrínseca que qualificarão dado serviço como sendo público, mas sim, antes de tudo, o regime jurídico a que estiver submetido.[9]

Estando dado serviço sob a égide do regime jurídico de direito público – vale dizer, sendo prestado por determinação legal, logicamente que com aquela materialidade a que já nos referimos –, público será esse serviço, mesmo que não seja essencial à sobrevivência do homem.[10]

Eis, portanto, o segundo elemento caracterizador de um serviço público, visto, agora, sob seu aspecto formal, respeitante à sua imprescindível e decisiva submissão ao regime jurídico de direito público,[11] regime legal – ou seja, àquilo que Celso Antônio Bandeira de Mello denominou de *unidade normativa*, enquanto conjunto de regras e princípios "caracterizados pela supremacia do interesse público sobre o interesse privado e por restrições especiais, firmados uns e outros em função da defesa de valores especialmente qualificados no sistema normativo".[12]

São marcas, portanto, desse regime de direito público, administrativo – segundo o mesmo autor –, informadoras da disciplina dos serviços públicos, dentre outras, a submissão irrestrita aos princípios da legalidade, generalidade, continuidade e impessoalidade (sem discriminações), o inescusável dever do Estado de prestá-los ou promover-lhes a prestação, sob pena de responsabilidade em face dos administrados, a utilização de técnicas autoritárias, expressivas da soberania, como a possibilidade de serem constituídas obrigações por ato unilateral, a presunção de legitimidade dos atos praticados, a auto-executoriedade deles etc.[13]

Cumpre observar, novamente, que para o Direito a eventual ausência desse traço formal vinculado à materialidade integrante do conceito de serviço público somente pode desnaturar uma dada atuação estatal como tal, que não assumirá nem a feição de serviço público e nem, tampouco, de qualquer outra coisa, senão de forma ilegítima.

9. *Curso* ..., 19ª ed., p. 470.
10. Roque Carrazza, idem, ibidem.
11. Lúcia Valle Figueiredo afirma: "Ao tratarmos do tema função administrativa, constatamos que o critério efetivamente útil é o do regime jurídico" (*Curso* ..., 6ª ed., p. 75).
12. *Curso* ..., 15ª ed., p. 615.
13. Cf. *Curso* ..., cit., p. 617.

LIMITES DETERMINADOS POR SUA "REGRA-MATRIZ"   63

Vale dizer, a não-aplicação do regime legal à sua materialidade apenas caracterizará essa dada atuação estatal como uma ação juridicamente desfigurada que, ainda, por tratar-se, no nosso caso, de um potencial serviço público, não erigido como tal por lei, não poderia nem mesmo, por ausente essa sua disciplina legal, ser desencadeada.

Vimos, por importante, que a natureza do serviço, por si só, não é o bastante para sua qualificação como público. Somente serão considerados serviços públicos, portanto, aquelas atividades que sejam compatíveis com o suporte material possível de um serviço público (utilidade e comodidades...) mas que, ainda, imprescindivelmente, estejam tais atividades sob a égide do regime de direito público, realizando-se, assim, aqueles elementos formadores de seu conceito.

2.1.4 Limites para a caracterização de serviços como públicos

Como vimos, para um serviço ser qualificado como público há de realizar os dois elementos que são próprios de seu conceito – quais sejam, o material e o formal. É o Estado, na verdade, que, por meio de leis próprias, acaba por erigir um dado serviço como público, uma vez que tais leis, por refletirem e informarem a essência do regime jurídico publicístico, acabam por confirmar, agora sob o aspecto formal, o próprio conceito de serviço público.

Cabe-nos verificar, entretanto, a partir de agora, quais são os limites constitucionais estabelecidos para essa elevação de um serviço à categoria de público – ou seja, passaremos a refletir acerca de quais são as limitações, a serem verificadas, autorizadoras de serem erigidas, por lei (elemento formal), em serviços públicos aquelas atividades referidas (elemento material), de utilidade ou comodidade materiais, fruíveis individualmente pelos administrados.

2.1.4.1 Limites constitucionais decorrentes do campo da exploração econômica

Vimos, em linhas passadas, que as utilidades ou comodidades direcionadas aos administrados alcançam aquelas atividades assumidas pelo Estado por serem, àqueles, *imprescindíveis*, revelando-se em dado momento ora necessárias, ora convenientes.

Deve, assim, o Estado atuar por meio de serviços públicos, direta ou indiretamente, limitando essa atuação à satisfação, justamente, daqueles interesses públicos imprescindíveis e básicos da sociedade, por esse motivo retirados do mercado – daí decorrendo, conforme lições

64 TAXAS – LIMITES CONSTITUCIONAIS

de Celso Antônio Bandeira de Mello, a impossibilidade de serem "ultrapassadas as fronteiras constituídas pelas normas relativas à *ordem econômica*, as quais são *garantidoras da livre iniciativa*",[14] bem como, emendamos, aquelas relativas às atividades, também econômicas, constitucionalmente monopolizadas pelo Estado.

Realmente, as atividades que se identificam com o substrato material do serviço público foram excluídas da esfera do comércio, sendo estranhas, portanto, ao campo da exploração da atividade econômica, seja aquela reservada originariamente à iniciativa privada, seja aquela conferida em caráter exclusivo ao Estado, mediante certos monopólios comerciais.

Estes últimos dizem respeito a determinadas atividades econômicas que foram subtraídas do âmbito da iniciativa privada mas, por estarem sujeitas às regras de direito privado, não se constituem, embora prestadas pelo Estado, em serviços públicos, mas sim em serviços apenas governamentais. Encontram-se tais atuações estatais previstas na Carta Maior, em especial em seu art. 177.

Ainda, excepcionando-se aqueles casos específicos elevados à categoria de monopólio estatal, a Constituição conferiu, como regra geral, originariamente, à iniciativa privada o desempenho da exploração de atividades econômicas, industrial ou comercial (art. 173 e §§[15]), tornando a participação do Estado, agora, neste campo mais específico, uma verdadeira exceção.

Deveras, neste campo de exploração da atividade econômica reservado à iniciativa privada a participação do Estado apenas terá vez

14. Idem, p. 630 (grifos do original).
15. "Art. 173. Ressalvados os casos previstos nesta Constituição, a exploração direta de atividade econômica pelo Estado só será permitida quando necessária aos imperativos da segurança nacional ou a relevante interesse coletivo, conforme definidos em lei.
"§ 1º. A empresa pública, a sociedade de economia mista e outras entidades que explorem atividade econômica sujeitam-se ao regime jurídico próprio das empresas privadas, inclusive quanto às obrigações trabalhistas e tributárias.
"§ 2º. As empresas públicas e as sociedades de economia mista não poderão gozar de privilégios fiscais não extensivos às do setor privado.
"§ 3º. A lei regulamentará as relações da empresa pública com o Estado e a sociedade.
"§ 4º. A lei reprimirá o abuso do poder econômico que vise à dominação dos mercados, à eliminação da concorrência e ao aumento arbitrário dos lucros.
"§ 5º. A lei, sem prejuízo da responsabilidade individual dos dirigentes da pessoa jurídica, estabelecerá a responsabilidade desta, sujeitando-a às punições compatíveis com sua natureza, nos atos praticados contra a ordem econômica e financeira e contra a economia popular."

LIMITES DETERMINADOS POR SUA "REGRA-MATRIZ" 65

em caráter excepcional, *suplementar* (art. 173, *caput*, da CF), porém também sob outro regime de Direito, o privado, da mesma forma que para a iniciativa privada.

Essa excepcionalidade decorre da necessidade de se garantir a liberdade de iniciativa,[16] como fundamento expresso de nossa ordem econômica (art. 170, *caput*, da CF), e a livre concorrência, como princípio cogente de nosso atual ordenamento (art. 170, IV, da CF[17]). Não se constituem, pois, essas atividades do art. 173 da Constituição Federal, embora prestadas pelo Estado, em serviços públicos justamente por serem prestadas sob um contexto de direito privado. Constituem-se, sim, em serviços governamentais.

São palavras de Celso Antônio Bandeira de Mello:

"Se está em pauta atividade que o Texto Constitucional atribuiu aos particulares e não atribuiu ao Poder Público, admitindo, apenas, que este, excepcionalmente, possa empresá-la quando movido por 'imperativos da segurança nacional' ou acicatado por 'relevante interesse coletivo', como tais 'definidos em lei' (tudo consoante dispõe o art. 173 da Lei Magna), casos em que operará, basicamente, na conformidade do regime de direito privado, é evidente que em hipóteses quejandas não se estará perante atividade pública, e, portanto, não se estará perante serviços públicos. (...).

"Quando o Estado interfere, suplementarmente, na *exploração de atividade econômica*, ao desenvolver atividade desta natureza estar-se-á diante de *serviços governamentais* e não de *serviços públicos*."[18]

2.1.4.2 Limites quanto ao alcance de seu substrato material em relação a outras atividades estatais[19]

2.1.4.2.1 Considerações iniciais – Vimos que os serviços públicos restringem-se ao campo das atuações típicas do Estado, especifica-

16. Apenas como breve nota de registro, existem, entretanto, atividades econômicas privadas, determinadas e específicas, de acordo com a Constituição, a serem realizadas sob um regime especial, constituindo-se uma exceção à livre iniciativa: atividades financeiras, de seguro e capitalização (art. 192, I e II) e para empreendimentos privados no setor de ensino (art. 209, II).

17. "Art. 170. A ordem econômica, fundada na valorização do trabalho humano e na livre iniciativa, tem por fim assegurar a todos existência digna, conforme os ditames da justiça social, observados os seguintes princípios: (...) IV – livre concorrência; (...)."

18. *Curso* ..., 15ª ed., pp. 624 e 638 (grifos do original).

19. Pertinentes as palavras do professor Celso Antônio Bandeira de Mello: "Daí também a inconveniência do uso indiscriminado da expressão 'serviço' para

66 TAXAS – LIMITES CONSTITUCIONAIS

mente na realização das necessidades materiais básicas de uma dada sociedade, não alcançando, portanto, as atividades econômicas estatais monopolizadas bem como aquelas atividades reservadas originariamente ao campo de atuação dos particulares.

Aliás, vale lembrar que nesse campo reservado originariamente à iniciativa privada o Estado atuará apenas em casos *excepcionais*, fazendo-o, contudo, nesta peculiar hipótese, sob o regime de direito típico deste campo – o privado –, traduzindo-se tais serviços, por conseguinte, não como públicos mas, como já fizemos constar, em serviços governamentais.

Por sua vez, tirantes, ainda, os próprios serviços públicos e os mencionados serviços governamentais (aqueles prestados pelo Estado no campo da exploração da atividade econômica monopolizada ou suplementar, de forma excepcional, ambos sob o regime de direito privado), outras formas de atuação estatal também coexistem, em especial – e no que ora nos interessa –, sob um regime de direito publicístico.

Disso resulta, em relação aos serviços públicos, a necessidade de seu diferenciamento jurídico-material em face de tais atividades estatais também publicísticas, o que faremos por meio da delimitação do alcance da própria essência do substrato material de seu conceito – ou seja, partiremos de sua exata tipicidade, como instituto portador de uma materialidade que lhe é distinta.

Pois bem, sendo diversas essas formas públicas de agir, a correta identificação jurídica de um serviço público requer uma correspondência exata da atuação estatal ao substrato material de seu conceito, sob pena de se poder chamar de serviço público aquilo que não o seja, por não se subsumir – repita-se – uma dada atividade estatal ao suporte material do conceito de serviço público (como utilidade ou comodidade material fruível individualmente pelo administrado).

Nem toda atuação publicística, portanto, será necessariamente traduzida numa utilidade ou comodidade material, individualmente fruível, de forma a resultar num serviço público, pois isso se dará apenas e tão-somente com a regulação, por lei, daquilo que realmente seja uma utilidade ou comodidade material condizente com seu próprio conceito.

nomeá-las. A coisas juridicamente diferentes devem ser dados nomes diferentes (tal como se faz com as coisas em geral), quando menos para evitar confusões, fáceis de ocorrer dado o incipiente conhecimento de direito administrativo entre nós" (*Curso* ..., 15ª ed., p. 621, nota 12).

LIMITES DETERMINADOS POR SUA "REGRA-MATRIZ" 67

Afora, portanto, o respeito aos limites constitucionais impostos ao Estado quando da instituição, por lei, de um serviço público, no sentido de não ser invadido aquele campo econômico monopolizado pela Administração ou privativo dos particulares (salvo as exceções previstas no próprio Texto Maior), restringindo-os apenas àquelas atividades fora do comércio,[20] outras particularidades também deverão ser consideradas nessa atividade legiferante estatal, no sentido de realmente efetivar-se como serviço público aquilo que seu substrato material efetivamente permita que seja subsumido como tal.

Deveras – insistimos –, não se poderá chamar de serviço público aquilo que não o seja, vale dizer, aquilo que não se enquadre ao seu substrato material, que não corresponda a uma utilidade ou comodidade material relacionada às necessidades básicas da sociedade, fruíveis individualmente pelo administrado.

A caracterização do que é serviço público é preocupação de suma importância para o Direito, em especial para o direito tributário, uma vez que a errônea caracterização de uma atividade estatal como serviço público poderá implicar, de forma equivocada, a instituição ilegítima de uma dada taxa de serviço – o que traria repercussões não-idôneas ao patrimônio de um certo administrado.

Sabemos, é bem verdade, que na prática – campo alheio, portanto, ao Direito – a expressão "serviço público" pode adquirir significado além da conta, indicando, freqüentemente, simples e aleatoriamente, quase que a totalidade daquilo que o Estado realiza. Chama-se, assim, de serviço público aquela atividade estatal, por exemplo, de exploração de atividade econômica (monopolizada ou suplementar), quando ela, conforme já vimos, constitui-se não em serviço público, mas sim em serviço governamental, tendo em vista o campo de atuação do Estado, neste caso, ser o privado, alheio, portanto, ao regime publicístico.

Da mesma forma, qualifica-se, por vezes, em linguagem leiga, de serviço público uma obra pública ou o exercício do poder de polícia estatal, o que é incorreto e arriscado para o Direito, pois, embora pertençam ao campo público de atuação do Estado, de alguma forma referida ao administrado, esses dois institutos jurídicos apresentam substratos materiais próprios, diferenciados, distintos em relação àquele característico dos serviços públicos.

---

20. Ou seja, àquelas atividades assumidas pelo Estado, por julgá-las imprescindíveis, necessárias ou convenientes ao administrado.

68 TAXAS – LIMITES CONSTITUCIONAIS

Nessas duas atuações estatais – ou seja, realização de obra pública e exercício do poder de polícia – concentraremos, com a brevidade que se faz necessária, nossas próximas atenções, com o fim maior de, apresentando suas diferenciações com os serviços públicos, podermos, quanto a estes, melhor individualizá-los e entendê-los.

Celso Antônio Bandeira de Mello, no que tange à necessidade de diferenciar todas essas atividades, assim se pronunciou: "Para o Direito, entretanto, estes vários tipos de atividades são perfeitamente distintos entre si, pois cada qual está sujeito a um regime diverso. Daí a conveniência de procurar apartá-las com nitidez".[21]

É o que continuaremos, sempre de maneira objetiva, a fazer.

2.1.4.2.2 Obra pública não é serviço público – Uma linguagem mais leiga pode, assim, erroneamente, tratar uma obra pública como mais um tipo de serviço público exercido pelo Estado. Juridicamente, entretanto, tais institutos não se confundem. Seus substratos materiais são nitidamente distintos; por isso, diferenciá-los devidamente nos permite compreender tais institutos mais pormenorizadamente, em especial – e no que ora nos interessa – em relação aos serviços públicos.

Merecem, realmente, em face da singularidade de seus substratos materiais, ser devidamente identificados tendo em vista, ainda, o fato de virem a ensejar efeitos distintos, em especial na área tributária, já que serviços públicos, quando específicos e divisíveis, são pressupostos de taxas, enquanto obras públicas, quando desencadeadoras de valorização imobiliária, de contribuição de melhoria.

Pois bem, *obra pública*, segundo as lições de Celso Antônio Bandeira de Mello, "é a construção, reparação, edificação ou ampliação de um bem imóvel pertencente ou incorporado ao domínio público".[22]

Nas palavras de Hely Lopes Meirelles, ainda, um *contrato de obra pública* "é todo ajuste administrativo que tem por objeto uma *construção*, uma *reforma* ou uma *ampliação* de imóvel destinado ao público ou ao serviço público. Qualquer desses casos configura *obra pública*, que, em sentido administrativo, é toda realização *material* a cargo da Administração ou de seus delegados (...)".[23]

Percebemos, desde já, a diferente natureza desses institutos – obra pública e serviço público –, pois, como vimos, este se caracteriza, di-

21. *Curso* ..., 15ª ed., p. 621.
22. Idem, ibidem.
23. *Direito* ..., 28ª ed., p. 247.

LIMITES DETERMINADOS POR SUA "REGRA-MATRIZ" 69

versamente, como uma utilidade ou comodidade material fruível de forma individual pelos administrados.

O conceito de obra pública não se coaduna com o de serviço público, o que já nos permite restringir o alcance do substrato material do conceito de serviço público, excludente de quaisquer atividades com aquelas características de "construção, reparação, edificação ou ampliação", que não se constituem em utilidades ou comodidades materiais.

Celso Antônio Bandeira de Mello, ao tratar do tema, comparando esses dois institutos, traça algumas de suas características diferenciais: "De fato, serviço público e obra pública distinguem-se com grande nitidez, como se vê da seguinte comparação: (a) a obra é, em si mesma, um produto estático; o serviço é uma atividade, algo dinâmico; (b) a obra é uma coisa: o produto cristalizado de uma operação humana; o serviço é a própria operação ensejadora do desfrute; (c) a fruição da obra, uma vez realizada, independe de uma prestação, é captada diretamente, salvo quando é apenas o suporte material para a prestação de um serviço; a fruição do serviço é a fruição da própria prestação; assim, depende sempre integralmente dela; (d) a obra, para ser executada, não presume a prévia existência de um serviço; o serviço público, normalmente, para ser prestado, pressupõe uma obra que lhe constitui o suporte material".[24]

2.1.4.2.3 Poder de polícia não é serviço público – Em relação à outra atividade pública por nós eleita para fins de comparação com os serviços públicos e, conseqüentemente, para melhor individualização destes últimos, temos que o exercício do poder de polícia, embora possa ser confundido, não equivale, de forma alguma, à prestação de serviço público.

São atividades distintas, inconfundíveis, devendo, por isso mesmo, permanecer isoladamente categorizadas, uma vez que ensejam diferentes modalidades de taxas – a saber, de serviços e de polícia, respectivamente.

Pelo exercício do poder de polícia, que será melhor detalhado quando do estudo das taxas de polícia, objetiva o Estado, sempre por meio de lei, limitar e condicionar o exercício da liberdade e da propriedade dos administrados, de forma a compatibilizar tais direitos com o bem-estar social, para que o exercício do direito de uns não prejudique o exercício do direito de outros. Atividade, esta, do Estado desenvolvi-

24. *Curso ...*, 15ª ed., pp. 621-622.

70 TAXAS – LIMITES CONSTITUCIONAIS

da mediante atos preventivos, fiscalizadores e repressivos em relação à conduta dos administrados, de forma tal que seus comportamentos se desenvolvam em conformidade com as normas legais.

O exercício do poder de polícia e o serviço público possuem, desse modo, sentidos opostos, já que, enquanto este visa a oferecer ao administrado uma utilidade ou comodidade material direta, para ser de alguma forma fruída, o poder de polícia, ao contrário, objetiva um não-fazer por parte dos administrados, no sentido de não permitir eventuais abusos de direito. Para isso se expressará – segundo Celso Antônio Bandeira de Mello – por meio de "*rotineiros atos de polícia administrativa*, perfeitamente distintos dos atos de prestação de serviço público".[25]

A esse respeito, continua o mesmo autor: "Enquanto o serviço público visa a *ofertar* ao administrado uma utilidade, *ampliando*, assim, o seu desfrute de comodidades, mediante *prestações* feitas em prol de cada qual, o poder de polícia, inversamente (conquanto para a proteção do interesse de todos), visa a *restringir, limitar, condicionar*, as possibilidades de sua atuação livre, exatamente para que seja possível um bom convívio social. Então, a polícia administrativa constitui-se em uma atividade orientada para a *contenção* dos comportamentos dos administrados, ao passo que o serviço público, muito ao contrário, orienta-se para a *atribuição* aos administrados de comodidades e utilidades materiais".[26]

2.1.5 O elemento material dos serviços públicos e a atual Constituição Federal

Percorremos, portanto, nos tópicos antecedentes, as linhas gerais acerca da noção jurídica de *serviço público*, com atenção especial às suas respectivas delimitações, a serem perseguidas, sempre, pelo Estado quando da instituição da modalidade tributária *taxa de serviço*, já que sua regra-matriz tributária ao serviço *público* faz referências, não podendo o Estado, portanto, dessa moldura constitucional se esquivar.

Ocorre, entretanto, que nossa atual Carta da República, antecipando-se no trato da matéria, houve por bem discriminar, originariamente, em seu bojo, para as pessoas políticas, o campo das suas respectivas competências administrativas, dentre elas as referentes à consecução

25. Idem, p. 623 (grifos do original).
26. Idem, pp. 623-624 (grifos do original).

LIMITES DETERMINADOS POR SUA "REGRA-MATRIZ"   71

daquele elemento material integrante do conceito de serviço público – vale dizer, apontou, dentre outras coisas, por meio dessa repartição, quais os serviços públicos que cada pessoa política pode, sempre por lei, criar.

Em outras palavras, a atual Carta discriminou, no campo das competências administrativas, em meio às diversas formas de atuação estatal, quais os serviços públicos que cada pessoa política (União, Estados, Distrito Federal e Municípios) pode vir a prestar, bastando, para isso, erigi-los como tais por meio de lei[27] (regime de direito público).

Conferiu, entretanto, somente aos Estados e Distrito Federal o exercício, ainda, de uma respectiva competência administrativa residual em relação às matérias não discriminadas (arts. 25, § 1º, e 32, § 1º), reservando à União e aos Municípios apenas o exercício de uma competência administrativa exaustiva – o que acaba por refletir, por conseguinte, na área daqueles serviços públicos a serem prestados. É que os serviços públicos não integrantes das competências que foram expressas às pessoas políticas serão abraçados, unicamente, de forma residual, pelos Estados e Distrito Federal.

2.1.6 Os serviços públicos e a ação dos particulares

Quanto aos serviços públicos, ainda, convém alertarmos que não há uma total exclusão do *elemento material dos mesmos* da esfera de ação dos particulares. Realmente, certas matérias que caracterizam, por lei, serviços públicos podem, em determinadas situações, ser abraçadas pelo setor privado, seja de forma autônoma (os chamados "serviços públicos *não*-privativos"), sob a égide do direito privado, ou, ainda, por meio de concessão ou permissão, sob o manto do direito público (são os serviços públicos privativos do Estado prestados, entretanto, indiretamente).

Para uma melhor compreensão desse pensamento, oportunas se mostram as lições, mais uma vez, de Celso Antônio Bandeira de Mello, ao distinguir os mencionados serviços públicos privativos daqueles não-privativos:

27. A lei, como já vimos, é imprescindível para a caracterização dos serviços públicos, já que é o elemento formal de seu conceito. A previsão material contida na Constituição revela um prenúncio de serviço público a ser nesse sentido erigido por lei administrativa. A Carta Magna faz, pois, uma previsão de quais os serviços públicos que poderão ser instituídos pelas pessoas políticas, uma vez respeitados seus contornos jurídicos (fê-lo taxativamente à União e aos Municípios e também, residualmente, aos Estados e Distrito Federal).

72 TAXAS – LIMITES CONSTITUCIONAIS

"Com efeito, cumpre distinguir entre serviços públicos *privativos*, do Estado – que são os referidos no art. 21, XI – ou mediante *autorização*, *concessão* ou *permissão* – que são os relacionados no art. 21, XII, bem como quaisquer outros cujo exercício suponha necessariamente a prática de império –, e os *serviços públicos não-privativos do Estado*.

"Nesta última categoria ingressam os serviços que o Estado deve desempenhar, imprimindo-lhes regime de direito público, sem, entretanto, proscrever a livre iniciativa do ramo de atividades em que se inserem."[28]

Percebe-se, por conseguinte, existirem serviços que serão sempre privativamente públicos, ou seja, aqueles serviços prestados, por lei (daí serem públicos), diretamente pelo Estado ou indiretamente, sempre por lei, por concessão e permissão, mas sem deixarem – frisamos –, mesmo nessas hipóteses, de ser tão públicos como aqueloutros.

Existem determinados serviços, entretanto, que apenas serão caracterizados como públicos quando prestados – logicamente que por meio de lei – pelo Estado, já que por terem tais serviços, conforme nossa própria Constituição Federal, uma prestação aberta também aos particulares, serão, nesta hipótese, caracterizados como serviços privados, quando ao seu regime serão aplicados os princípios e regras de direito privado como regime próprio.

Doutrinariamente, Celso Antônio Bandeira de Mello os chamou de "serviços públicos não-privativos", não por serem, antes de tudo, públicos, mas apenas – entendemos – para ressaltar a possibilidade de estes serviços, que seriam tipicamente públicos, poderem ser abraçados pela iniciativa privada; vale dizer, para que ficasse claro que uma dada materialidade de serviço a ser erigido por lei em serviço público também poderia somente em certos casos, autorizados pela Cata Maior, caracterizar serviços privados.

Nesse contexto encontram-se os serviços de *educação* e de *saúde*, ambos deveres do Estado (arts. 196 e 205) – sendo o último, ainda, de relevância nacional (art. 197, primeira parte, da CF) –, que serão públicos somente no caso de serem a esta categoria erigidos legalmente pelo Estado, já que os mesmos serviços serão privados quando desempenhados pelos particulares, independentemente de concessão ou permissão, submetendo-se tais serviços, apenas, à atividade fiscalizatória do Estado, quando do exercício normal de seu poder de polícia, conforme arts. 199 e 209 do Texto Maior.

---

28. *Curso* ..., 15ª ed., p. 626 (grifos do original).

LIMITES DETERMINADOS POR SUA "REGRA-MATRIZ" 73

Pois bem, estivemos a demonstrar o que realmente qualifica um serviço como público. Todas as suas peculiaridades foram perfiladas, para um mais pormenorizado enquadramento desse instituto jurídico. Temos formado, portanto, um juízo acerca da primeira materialidade possível de ser colocada como pressuposto de uma tributação por meio de taxa de serviço: prestação (ou disponibilização) de um *serviço público*.

Ocorre, entretanto, dentro do presente contexto, não ser a mera prestação dos serviços públicos, por si só, suficiente para que haja essa tributação por meio da referida modalidade tributária. É que a materialidade da hipótese de incidência da taxa de serviço pressupõe não somente a prestação de serviços públicos, enquanto atuações estatais referidas diretamente ao contribuinte, mas exige, também, que os referidos serviços sejam *específicos* e *divisíveis* (serviços públicos propriamente ditos – *stricto sensu*[29]), em oposição aos denominados serviços públicos *gerais* e *indivisíveis* – *lato sensu*. É o que se extrai de sua própria regra-matriz, inserida no art. 145, II, segunda parte, da Constituição Federal. Partamos, pois, para esse novo rumo.

2.1.7 Serviços públicos gerais e indivisíveis

Os serviços públicos gerais, embora não interessem à questão das taxas, são, entretanto, importantes para uma melhor compreensão desta modalidade tributária (taxa). São aqueles serviços tidos como universais, vale dizer, prestados *uti universi*, genericamente, aos cidadãos.

Por serem genéricos, justamente, esses serviços acabam por atingir toda uma coletividade, num todo considerada. A quantidade de pessoas atingidas, beneficiadas pelos serviços, é indeterminada ou, ao menos, indeterminável, sendo o serviço de iluminação pública um exemplo típico. Realmente, não é possível determinar a quantidade do serviço público de iluminação pública de que um dado administrado se utiliza ao transitar, por exemplo, por determinada avenida.

Atingindo, pois, um número indeterminado ou indeterminável de pessoas, tais serviços não podem ser mensurados individualmente, ou seja, não se é possível dimensionar o uso dos referidos serviços por cada uma das pessoas que deles se utilizarem. São, por conseguinte, indivisíveis.

---

29. Cf. Geraldo Ataliba, *Hipótese de Incidência Tributária*, 6ª ed., 4ª tir., p. 152.

74 TAXAS – LIMITES CONSTITUCIONAIS

Nesse sentido a doutrina de Renato Alessi, segundo a qual os serviços públicos gerais e indivisíveis compreendem aquelas atividades estatais tendentes a propiciar uma utilidade genericamente relacionada ao administrado, ou seja, uma utilidade *uti universi*, sem que seja viável qualquer mensuração.[30]

Ora, como vimos, o fato de um determinado serviço ser público em nada garante sua tributação por meio de taxa. Se tal serviço não for, além de público, específico e divisível não poderá figurar como materialidade da hipótese de incidência de uma taxa de serviço.

Servindo-nos das lições de Soares Martínez acerca da divisibilidade, transcrevemos: "Ora, quando através dos serviços públicos se prestam utilidades particulares, individualizáveis, quando esses serviços são divisíveis, em suma, há possibilidade de realizar a sua cobertura financeira, ou parte dela, através do pagamento de prestações exigíveis dos particulares que utilizam tais serviços. Essas prestações designam-se por taxas (...). Foi o critério da especificidade e da divisibilidade dos serviços que inspirou a Constituição Brasileira de 1988, ao caracterizar as taxas (art. 145)".[31]

Serviços públicos gerais e indivisíveis, pelo nosso sistema constitucional tributário, somente poderão ser remunerados pelas receitas gerais do Estado, decorrentes não das taxas, que não os alcançam, mas sim, dentre outras coisas, por meio dos impostos (em sua maioria), preços etc.

2.1.8 Serviços públicos "específicos" e "divisíveis", como integradores do pressuposto material das taxas

Ao contrário do que mencionamos sobre os serviços públicos gerais, temos aqueles denominados serviços públicos *específicos* (singulares). Como o contexto vem a sugerir, são serviços que atingem uma certa pessoa ou um número determinado (ao menos determinável) de pessoas, sendo prestados, portanto, *uti singuli*.

Como esses serviços são direcionados especificamente aos cidadãos, para uso individual, podem ser mensurados conforme seu respectivo uso, ou seja, torna-se possível medir a utilização, efetiva ou

---

30. *Instituciones de Derecho Administrativo*, t. II, trad. de Buenaventura Pellisé Prats, Barcelona, Bosch Casa Editorial, pp. 364-365 – citado por Roque Carrazza, *Curso* ..., 19ª ed., p. 471.

31. *Direito Fiscal*, 10ª ed., p. 35.

LIMITES DETERMINADOS POR SUA "REGRA-MATRIZ"   75

potencial, de cada pessoa, individualmente considerada, em relação a tais serviços, de forma a podermos afirmar que eles dispõem do atributo da divisibilidade – condição, esta, como ensinava Geraldo Ataliba, de remunerabilidade do Estado por meio de taxa de serviço.[32]

Esses serviços públicos específicos e divisíveis compreendem – conforme Renato Alessi – aquelas atividades da Administração Pública voltadas a propiciar aos administrados que se valham de tais serviços uma utilidade específica – ou seja, são atividades que se "'convertem num benefício desfrutado pelos cidadãos *uti singuli*'".[33]

Quanto ao requisito da especificidade, assim já observou Edvaldo Brito: "Paga-se a *taxa* toda vez que a prestação administrativa ou a prescrição administrativa for identificável em cada pessoa que provocar a atuação estatal destacável em unidades de intervenção ou de utilidade material oferecida ao particular no interesse geral, ou público, ou coletivo".[34]

São exemplos de serviços públicos específicos e divisíveis, passíveis de tributação por meio de taxas, portanto, os serviços de transporte coletivo, de fornecimento domiciliar de água potável, de gás, de energia elétrica etc.[35]

2.1.9 A tributação pela "disponibilização" de serviços públicos

Ainda em relação aos serviços públicos que dão ensejo às taxas de serviços, não precisam alguns deles ser efetivamente usufruídos pelo contribuinte para que o Estado exerça adequadamente sua capacidade tributária ativa. Realmente, não.

Determinados serviços públicos, para permitirem a tributação por meio de taxas, basta serem colocados, pelo Estado, em disponibilidade, não genericamente a todos, mas sim, direta e imediatamente, aos

32. *Hipótese* ..., 6ª ed., 4ª tir., p. 152.
33. *Instituciones* ..., t. II, pp. 364-365 – citado por Roque Carrazza, *Curso* ..., 19ª ed., p. 471.
34. "Critérios para distinção entre taxa e preço", *Caderno de Pesquisas Tributárias* 10/76-77 (grifo do original).
35. Cf. Roque Carrazza, *Curso* ..., 19ª ed., p. 472. Neste contexto também estariam aqueles serviços públicos relacionados à prestação jurisdicional, passíveis de tributação por meio de taxas de serviço, as denominadas "custas judiciais". Apenas como nota de registro, mister se faz consignar, como já referido mais acima, um exemplo de *imunidade* em matéria de taxa, neste âmbito das custas judiciais, mais especificamente em relação à ação popular, conforme o art. 5º, LXXIII, de nossa atual Constituição Federal.

76 TAXAS – LIMITES CONSTITUCIONAIS

administrados.[36] Colocados tais serviços à disposição destes, ou seja, encontrando-se em efetivo funcionamento, poderão, conforme veremos, resultar na cobrança de taxas.

São serviços públicos que envolvem valores maiores, prestigiados por nosso ordenamento jurídico, os quais justificam a manutenção de sua simples disponibilização, aptos a serem utilizados. São palavras de Eugênio Doin Vieira: "É que aqui, ainda uma vez, o interesse público se sobrepõe ao privado. A manutenção onerosa de um serviço que interessa, em princípio, a toda comunidade (rede de água, serviço de esgotos, sistema de distribuição de energia elétrica, v.g.) impõe a participação tributária de todos os possíveis beneficiários, inclusive aqueles que, embora não estejam utilizando os serviços, os têm 'postos à sua disposição'".[37]

Neste caso dá-se o pagamento da taxa pelo simples fato de ter o cidadão um serviço público ao seu dispor. Quando dissemos, portanto, em linhas passadas, que apenas alguns serviços dão margem a tal tributação, quisemos, com isso, afirmar que não são todos os serviços públicos específicos e divisíveis que facultam a tributação por meio de taxas quando, ainda que existam, não sejam utilizados. Isto é possível apenas para uma certa classe de serviços, à qual estaremos dedicando, com mais ênfase, nossas próximas atenções.

2.1.10 A compulsoriedade da fruição de certos serviços públicos

Somente aqueles serviços públicos de fruição compulsória – qualidade, esta, determinada por imperativo legal (por meio de lei administrativa válida, conforme a Constituição Federal) – é que podem resultar, com suas meras existência e disponibilidade, numa válida tributação por meio de taxas.

Pertinentes, nesse sentido, as lições de Aliomar Baleeiro: "O indivíduo racional quer e pede todos os serviços propícios à higiene, à saú-

36. Assim como na referibilidade de serviços prestados e efetivamente utilizados, também sua respectiva disponibilidade para fins de tributação por meio de taxa deve ser direta e imediata, e não difusa (cf., também, Roque Carrazza, *Curso* ..., 19ª ed., p. 476). Se a hipótese de incidência da taxa tem na referibilidade direta da atuação do Estado um traço característico, e sendo possível a tributação pela disponibilização dos serviços, esta deve, também, ser direta e imediata, já que diz respeito àquela própria atuação estatal.

37. "Taxas – Algumas considerações propedêuticas", in Celso Antônio Bandeira de Mello (org.), *Estudos em Homenagem a Geraldo Ataliba 1: Direito Tributário*, p. 141.

LIMITES DETERMINADOS POR SUA "REGRA-MATRIZ" 77

de pública, à incolumidade própria, da família ou de terceiros etc. Mas se irracionalmente os recusa ou os negligencia, a lei pode obrigá-lo ao uso de tais serviços até no interesse da coletividade. Certos serviços trazem vantagem pela sua existência mesma, na previsão de que possam ser indispensáveis numa emergência, como os de combate a incêndio, o de ambulâncias de pronto-socorro etc. Se permanecem de prontidão, noite e dia, representam vantagem efetiva para quem pode dispor deles numa vicissitude, que pende sobre a cabeça de todos. O custo seria esmagador se fosse cobrado de cada um que a eles tivesse de recorrer. Cobrado pelo uso potencial, assemelha-se a um seguro ou previdência contra o risco certo quanto à sua probabilidade e incerto quanto à pessoa que vá sofrê-lo. Perfeitamente razoável que a taxa seja discriminatória, cobrando-se mais de quem gera o risco (...)".[38]

Isto não significa que esses serviços, tidos por lei como de fruição compulsória, precisam ser obrigatoriamente utilizados. Não. A lei os têm como compulsórios – veremos – em determinadas situações.

Na verdade, essa compulsoriedade, legalmente estabelecida, advém no sentido de que, colocado o administrado frente a necessidades de utilização de determinado serviço, deverá utilizar-se daquele que seja prestado pelo Estado. Vale dizer, certas necessidades dos administrados deverão ser superadas sempre com a participação ativa do Estado na prestação de seus serviços – situações, estas, eleitas pela Carta Maior como passíveis de efetivar a tributação pela simples disponibilidade de um serviço público.

Neste ensejo, repetimos, a compulsoriedade tem como base a lei. Porém, antes de tudo, tem aquele dado valor, já mencionado, como corolário constitucionalmente prestigiado. Tais valores e interesses públicos, prestigiados pela Constituição Federal, é que direcionarão a produção legislativa (em âmbito administrativo), no sentido de se tornar facultativa ou obrigatória a utilização de determinado serviço público.

Razoável, portanto, que o Estado, por meio de lei, sempre em nome do interesse público e de valores prestigiados na Constituição, possa tornar compulsória – quando a situação assim o requerer – a utilização de determinado serviço público, daí decorrendo uma possível taxa de serviço fruível. Por sua vez, caso um serviço público não envolva aqueles referidos valores, sua utilização será, por lei, facultativa, sendo viável, neste caso, apenas uma taxa decorrente de um serviço público efetivamente prestado.

38. *Direito Tributário Brasileiro*, 11ª ed., p. 564.

78   TAXAS – LIMITES CONSTITUCIONAIS

Exemplificando esse nosso raciocínio, uma vez mais, poderíamos trazer à analise os serviços de coleta domiciliar de esgoto. Trata-se de serviço público, específico e divisível. Passível, portanto, de desencadear uma tributação por meio de taxas. Utilizando o administrado os referidos serviços, e por serem estes específicos e divisíveis, poderá ser alvo de uma tributação, individualmente considerada (através de uma taxa de serviço fruído).

Outro cidadão, por sua vez, poderá não estar se utilizando desses serviços, que são postos, contudo, pelo Estado à sua disposição. Como, nesse caso, está em jogo um interesse maior da coletividade, cujo valor é prestigiado pela atual Carta Maior – a *saúde pública* –, a utilização, quando necessária, de serviços de tal natureza (coleta de esgoto) deverá ter, sempre, como contexto a prestação desses serviços pelo Estado, daí decorrendo uma possível tributação por meio de taxa de serviço fruível.

O mesmo raciocínio pode ser estendido também para outros serviços, como os de vacinação, fornecimento domiciliar de água potável,[39] enterramento de mortos etc. Cada um de forma a assegurar um valor prestigiado pela Carta Maior.

Serviços públicos de gás, de conservação de estradas de rodagem, dentre outros, por sua vez, ainda exemplificativamente, seguem raciocínio diferente. São, sem dúvida, espécies de serviços públicos específicos e divisíveis, prestados pelo Estado. Somente utilizando-se deles é que o administrado poderá, na medida desse seu uso, ser compelido a pagar a taxa de serviços respectiva. Apenas, entretanto, neste momento.

Caso o administrado não se utilize desses serviços não poderá ser compelido por lei a pagar pela sua disponibilização, já que nesta relação não há valor algum constitucionalmente protegido. Não são os administrados obrigados a fruir dos referidos serviços públicos. Nesse sentido Roque Carrazza, para quem o administrado não pode ser obrigado, dentre outras coisas, "a servir-se do gás canalizado que o Poder Público coloca à sua disposição, a viajar, e assim por diante".[40]

Sendo de fruição facultativa (taxa de serviço fruído), somente no caso de serem tais serviços fruídos é que poderá ser exigida sua res-

39. José Alexandre Saraiva, discorrendo sobre o mesmo exemplo, justificando a tributação pela disponibilização desse serviço público, de fruição compulsória, assim se pronunciou: "Envolve sua responsabilidade *[do Estado]* para com a saúde, qualidade de vida e bem-estar da população" (*Questões Cotidianas de Direito Tributário*, p. 48 – esclarecemos).

40. *Curso ...*, 19ª ed., pp. 476-477.

LIMITES DETERMINADOS POR SUA "REGRA-MATRIZ" 79

pectiva taxa de quem direta e efetivamente vier a utilizá-los. Daí poderem existir no Brasil as taxas de serviço fruído e as taxas de serviço fruível, sendo passível de tributação, desta forma, a simples disponibilidade de um serviço público, porém apenas no contexto ora analisado.

Quando, portanto, nos referimos à compulsoriedade, estamos tratando da fruição de determinados serviços públicos quando o administrado se colocar numa situação de necessidade frente a eles. Esta nota de esclarecimento mostra-se pertinente para que não se associe a compulsoriedade com a *prestação* dos serviços públicos, uma vez que essa, por decorrer de lei, será sempre obrigatória para o Estado, o qual, uma vez legalmente compelido, outra opção não terá, senão prestá-lo.

Ressaltamos, pois, que o Estado é obrigado a prestar os serviços para os quais, por lei, fora compelido. Dizemos isto, ainda, tendo em vista que a instituição tributária em face dos administrados atingidos diretamente por tais serviços, desde que específicos e divisíveis, é, por sua vez – esta, sim –, facultativa. Realmente, isso decorre da própria facultatividade do exercício da competência tributária, associada, também, à proteção de certos valores sociais.

2.1.11 A "gratuidade" na prestação de serviços públicos

Tanto é facultativa a taxação pela prestação de serviços públicos – cuja execução, sim, é obrigatória –, que o serviço público de vacinação, por exemplo, específico e divisível, é prestado, na maioria dos casos, gratuitamente aos seus usuários, o que se reforça por estar em jogo, ainda, a saúde pública, na medida em que é do interesse do Estado que a comunidade como um todo esteja protegida, por exemplo, de eventuais doenças passíveis de serem evitadas justamente por campanhas gratuitas de vacinação.

A gratuidade dos serviços públicos nos remete, também, à reflexão sobre os serviços de ensino. Neste caso, devemos deixar registrado que o serviço público de ensino, quando prestado, legalmente, em estabelecimentos oficiais, vale dizer, pelo Estado – daí ser, neste caso, público –, deverá sempre, por determinação constitucional, ser gratuito (art. 206, IV, da CF).

Seriam tais serviços, portanto, típicos exemplos de serviços públicos específicos e divisíveis a serem custeados pelas receitas gerais do Estado, advindas, em sua maioria, pela arrecadação dos impostos. Percebemos que, embora sejam serviços públicos específicos e divisíveis, serão custeados, quando gratuitos, da mesma forma que os serviços públicos gerais e indivisíveis.

80 TAXAS – LIMITES CONSTITUCIONAIS

Estamos de acordo com Roque Carrazza, aliás, no sentido de ser plenamente constitucional o custeio desses serviços públicos específicos e divisíveis, quando não houver sua tributação pelas taxas que lhes são respectivas, no caso de uma gratuidade *justificada*, por meio das demais receitas gerais do Estado, tais como aquelas advindas dos impostos, dos preços etc.

Quanto à constitucionalidade desse custeio quando não se verifica a instituição de uma taxa – ou seja, quando não se verifica uma contrapartida econômica do administrado, de forma justificada –, assim se pronunciou Roque Carrazza, quando da reflexão acerca da constitucionalidade da não-cobrança de passagem de transporte (taxa pelo serviço, específico e divisível, de transporte coletivo de ônibus) pela Prefeitura Municipal de São Paulo (a denominada "Tarifa Zero/1990"): "Sem embargo das doutas opiniões em sentido contrário, estamos convencidos de que *sim. [de que é constitucional o custeio por outras receitas do Estado]* Embora, a nosso sentir, a medida seja, sob o ângulo político, inconveniente, entendemos que, sob a ótica do Direito, é prosperável".[41]

2.2 *"Taxa de polícia": conceito*

A taxa de polícia é o tributo que tem como materialidade de sua hipótese de incidência uma atuação estatal consistente num *efetivo* exercício do poder de polícia, também devendo seu alcance ser específico e divisível, diretamente referido ao administrado, então contribuinte.

Dessa forma, ao lado das taxas de serviço, anteriormente analisadas, acabam as taxas de polícia por completar o quadro constitucionalmente elaborado quanto às possíveis taxas existentes em nosso sistema constitucional tributário, sendo essas duas espécies de taxas – *de serviço* e *de polícia* – as únicas possíveis de serem instituídas no atual ordenamento jurídico brasileiro.

Poder de polícia, segundo Celso Antônio Bandeira de Mello, é o conjunto de normas (complexo de medidas) que impõem limites ao livre desfrute dos direitos à liberdade e à propriedade das pessoas, delineando essas respectivas esferas juridicamente tuteladas.[42]

Dá-se o mesmo "'tendo em vista assegurar a igualdade no seu exercício, compatibilizar os interesses dos que exercem liberdade e

41. *Curso* ..., 19ª ed., p. 479, nota 61 (grifo do original; esclarecemos).
42. *Curso* ..., 15ª ed., p. 709.

LIMITES DETERMINADOS POR SUA "REGRA-MATRIZ" 81

propriedade, assegurar a ordem pública (Ruy Cirne Lima) e garantir a supremacia do interesse público sobre o privado, de tal sorte que a liberdade e a propriedade sejam asseguradas a todos os integrantes da comunidade' (Celso Antônio, *Elementos de Direito Administrativo*, 1ª ed., 1980, pp. 164 e ss.; cf. Celso Antônio, *Curso de Direito Administrativo*, 12ª ed., Malheiros Editores, 2000, p. 675)".[43]

Ainda – fazendo uso das palavras de Roque Carrazza –, tem-se o poder de polícia como "a faculdade que o Estado tem de, dentro dos limites constitucionais, baixar regras de nível legal ou infralegal, para disciplinar o exercício dos direitos à liberdade e à propriedade das pessoas, compatibilizando-o com o bem comum. Para que o exercício dos direitos de uns não prejudique o exercício dos direitos de outros, permite-se que o Estado expeça regras, harmonizando este exercício com o *interesse público primário*".[44]

O poder de polícia estatal encontra-se, percebemos, naquela esfera da Administração Pública composta de atos normativos e concretos direcionados para uma compatibilização, limitadora e condicionadora, do exercício dos direitos à liberdade e à propriedade dos indivíduos com o bem-estar social, mediante ações fiscalizadoras, preventivas e repressivas, de tal forma a não permitir que seja colocada em risco a consecução dos desideratos públicos, daí decorrendo uma série de abstenções por parte dos administrados.[45]

Assim, dizer que a materialidade da hipótese de incidência de uma dada taxa de polícia consiste no exercício, pelo Estado, sempre através de lei, de seu poder de polícia, diretamente referido ao administrado, significa estarmos afirmando que o fator desencadeante (obviamente que por meio uma lei tributária posterior) dessa modalidade de tributo é o exercício concreto de toda uma produção legislativa, respeitados os limites constitucionais e anterior, pois, à criação do tributo, tendente a orientar e disciplinar comportamentos relacionados ao exercício dos direitos à liberdade e à propriedade das pessoas.[46]

43. Geraldo Ataliba, *Hipótese* ..., 6ª ed., 4ª tir, p. 157.
44. *Curso* ..., 19ª ed., p. 472 (grifos do original).
45. Para Régis de Oliveira: "O aspecto material da hipótese de incidência da taxa de polícia será sempre a descrição abstrata da ocorrência de um ato que excepciona, confirma ou implique em fiscalização do ato exceptivo" (*Taxas de Polícia*, p. 43).
46. Para Hely Lopes Meirelles: "Em linguagem menos técnica, podemos dizer que o *poder de polícia* é o mecanismo de frenagem de que dispõe a Administração Pública para conter os abusos do direito individual" (*Direito* ..., 28ª ed., p. 127).

82 TAXAS – LIMITES CONSTITUCIONAIS

Em outras palavras, *poder de polícia* é um conjunto normativo, nos moldes acima definidos.[47] O exercício desse poder é a efetivação e realização prática das normas desse conjunto, ou seja, é o reflexo destes comandos legais, de forma a viabilizar uma dada atividade de polícia. Poder de polícia, desse modo, é *norma* (produção legislativa).

Não é uma atividade da Administração que é verificada – agora, sim – no momento do exercício daquele poder, daquela norma, como expressão de uma atividade administrativa de polícia do Estado, a ser verificada sempre dentro dos limites de direito então impostos.

Daí que o conceito legal de *poder de polícia* constante do Código Tributário Nacional, em seu art. 78,[48] tem a ver mais com a caracterização da atividade de polícia do Estado,[49] como exercício efetivo de normas (aí, sim, poder de polícia) tendentes a regular o livre desfrute dos direitos à propriedade e à liberdade dos administrados.

Esse poder de polícia, cujo efetivo exercício dá margem à tributação por meio de taxa de polícia, deve, pois, ser exercitado antes de se falar nesta tributação, com respaldo em lei, por óbvio, da pessoa política que, nos termos da Constituição Federal, tiver competência administrativa para efetuar a referida atuação estatal, ordenando e restringindo direitos e liberdades individuais.

Sem lei, já dissemos, não pode o Estado nem mesmo atuar, exercendo seu poder de polícia. Somente com base em tal lei, e sempre nela se fundamentando, é que o Estado poderá orientar condutas de administrados, visando, sempre, a um não-agir por parte destes dentro de uma dada comunidade.

Essa lei administrativa acabaria por representar aquela primeira lei necessária à tributação válida por meio de taxa – vale dizer, equivale-

47. É sempre a lei, e não a Administração, que restringe a liberdade e propriedade das pessoas. Neste sentido Lúcia Valle Figueiredo, para quem: "Comungamos com a afirmação de Gordillo de que as restrições à liberdade só se estabelecem por lei; cumpre à Administração agir sob a lei" (*Curso ...*, 6ª ed., p. 294).

48. "Art. 78. Considera-se poder de polícia a atividade da Administração Pública que, limitando ou disciplinando direito, interesse ou liberdade, regula a prática de ato ou abstenção de fato, em razão de interesse público concernente à segurança, à higiene, à ordem, aos costumes, à disciplina da produção e do mercado, ao exercício de atividades econômicas dependentes de concessão ou autorização do Poder Público, à tranqüilidade pública ou ao respeito à propriedade e aos direitos individuais ou coletivos."

49. Cf., também, Hugo de Brito Machado, *Curso de Direito Tributário*, 22ª ed., p. 388.

LIMITES DETERMINADOS POR SUA "REGRA-MATRIZ" 83

ria à lei prévia, de natureza administrativa, reguladora do exercício do poder de polícia, passível de figurar como uma materialidade da hipótese de incidência, agora, de uma segunda lei – a tributária.

Pretende o Estado, portanto, com o exercício de seu poder de polícia, que os administrados não ultrapassem os limites legalmente conferidos, logicamente que com respaldo constitucional, aos seus direitos à liberdade e à propriedade. Tudo – como fica claro – para compatibilizar os direitos individuais com o interesse público e o bem-estar social da coletividade.

Retornando às lições de Hely Lopes Meirelles, como já dito, podemos verificar que "o poder de polícia é o mecanismo de frenagem de que dispõe a Administração Pública para conter os abusos do direito individual".[50]

Vale dizer, busca o Estado, com essa sua conduta, não uma atuação do administrado, mas sim, antes de tudo, uma sua abstenção.[51] Na verdade, o que se pretende é que o administrado deixe de fazer algo que possa interferir de forma negativa na liberdade ou propriedade dos demais administrados – como, exemplificativamente, a construção de uma casa sem que sejam tomadas as medidas preventivas de segurança em face das pessoas que circulam próximas a tal construção.

Neste caso, o poder de polícia do Estado terá vez com a fiscalização da respectiva obra, a fim de averiguar se o direito do administrado de construir sua residência está em harmonia com o direito dos demais administrados de, por exemplo, circularem pelas ruas sem possíveis transtornos físicos ou sociais.

Por meio do poder de polícia – valendo-nos das lições de Celso Antônio Bandeira de Mello – "o Poder Público, de regra, não pretende uma atuação do particular, pretende *uma abstenção*. Por meio dele normalmente não se exige nunca um *facere*, mas um *non facere*".[52]

---

50. *Direito ...*, 28ª ed., p. 127.

51. A esse respeito, Régis Fernandes de Oliveira: "A norma geral negativa que confere plenitude ao sistema normativo mantém indefinida e infinita a expansão das manifestações individuais da personalidade. Quando tal explosão possa ultrapassar os lindes da individualidade, alcançando outro centro de imputação normativa, causando-lhe perturbação jurídica, pode o Estado intervir, impondo, então, uma abstenção ao particular. Não deverá ele agir, ou agirá apenas de conformidade com as regras. Impede-o o Estado. Este limita ou restringe o direito de propriedade e liberdade" (*Taxas de Polícia*, p. 33).

52. *Curso ...*, 15ª ed., p. 717 (grifos do original).

84 TAXAS – LIMITES CONSTITUCIONAIS

Essa idéia acerca do poder de polícia nos remete, ainda, como pudemos perceber, à sua consideração como um *poder negativo*. Tal pensamento, se tivermos como referencial a conduta diretamente almejada – ou seja, o comportamento do administrado –, é verdadeiro, já que o Estado busca daquele, realmente, um não-fazer, ou seja, uma sua abstenção,[53] de forma a evitar um dano ou mal à sociedade.

Para tanto, o Estado restringe, limita e condiciona o exercício dos direitos dos administrados à propriedade e à liberdade, contendo-se seus comportamentos, sempre com o fim maior de propiciar um melhor convívio social.

Percebemos, pois, apenas para uma melhor contextualização de nossos pensamentos, que sob o mesmo referencial, ou seja, analisando-se da mesma forma a conduta esperada do administrado, os serviços públicos encaixam-se, diferentemente, sob uma ótica positiva, voltados à fruição das utilidades ou comodidades materiais oferecidas pelo Estado, o que nem de longe se aproxima da ação direta de contenção de comportamentos, típica do poder de polícia.

De qualquer forma, se por um lado o poder de polícia acaba, nos moldes acima definidos, por se revelar negativo, por outro – agora sob novo enfoque –, acabará por revestir ares de positividade, da mesma forma como ocorre com os serviços públicos, em especial, neste momento, sob o prisma da construção e realização, pelo Estado, de uma utilidade coletiva, de uma tranqüilidade social.

É que em ambos os casos – embora no poder de polícia isso se dê por via *oblíqua* – busca-se um bem-estar social, o que é, realmente, positivo, e atingido por meio do poder de polícia, com a harmonização dos direitos à propriedade e à liberdade dos administrados, por meio da regulação de seus comportamentos.

A esse respeito, Celso Antônio Bandeira de Mello: "Ambos são prestações do Estado, mas os primeiros consistem, em si mesmos, no oferecimento de uma utilidade, enquanto os segundos obtêm a utilidade *por via oblíqua*, isto é, por via de *uma abstenção do particular*".[54]

Este o verdadeiro sentido a ser conferido ao termo "polícia", cujo poder será exercido pelo Estado, sendo, nesse sentido, muito apropria-

---

53. Salvo no que diz respeito ao condicionamento do uso da propriedade imobiliária conforme sua função social, em prol de cuja conduta deverá atuar o administrado (arts. 5º, XXIII, e 182, § 4º, da CF).

54. *Curso* ..., 15ª ed., pp. 717-718 (grifos do original).

LIMITES DETERMINADOS POR SUA "REGRA-MATRIZ"   85

das estas palavras de Ruy Cirne Lima: "'No presente, entende-se por essa palavra toda restrição ou limitação coercitivamente posta pelo Estado à atividade ou propriedade privada, para o efeito de tornar possível, dentro da ordem, o concorrente exercício de todas as atividades e a conservação perfeita de todas as propriedades privadas'".[55]

Exercitar o poder de polícia equivale a exercitar um poder de vigília sobre os administrados, a policiá-los, para que estes vejam nos limites legalmente determinados verdadeiras barreiras intransponíveis ao exercício de seus direitos à liberdade e à propriedade, de forma que, considerando-se a supremacia do interesse público sobre o privado, tais bens supremos possam ser desfrutados, igualmente, por todas as pessoas.

2.2.1 A questão da "efetividade" no exercício do poder de polícia

O simples exercício do poder de polícia, contudo, não enseja a cobrança da referida taxa, mas apenas e tão-somente o efetivo desempenho (nunca potencial) dessa atividade dirigida ao administrado. A efetividade do poder de polícia estaria ligada, portanto, às conclusões, aos resultados alcançados com os atos de polícia.

Expliquemos melhor esse raciocínio. Não basta estar previsto o poder de polícia numa dada lei administrativa para poder dar origem a uma tributação válida por meio de taxa. Antes de tudo, é necessário que o poder de polícia previsto seja efetivamente exercido, ou seja, deve haver uma atuação concreta e específica do Estado, seja levantando uma abstenção, seja no sentido de manter ou fiscalizar uma exceção já existente.

Será esse desempenho efetivo da Administração, que atinja de forma direta o administrado, por meio de seu poder de polícia, praticado por meio de lei, que ensejará a cobrança de taxa de polícia, que tenha colocado em sua materialidade, justamente, aquele agir concreto e específico do Estado.

São oportunas as lições de Régis Fernandes de Oliveira, referindo-se ao exercício do poder de polícia pelo Estado: "Quando, no entanto, vai levantar um obstáculo erigido ao administrado e vai possibilitar-lhe ou não o desempenho de uma liberdade ou o uso de sua propriedade, tal solicitação implica o desempenho de uma atividade específica

---

55. *Princípios de Direito Administrativo*, 5ª ed., São Paulo, Ed. RT, 1982, p. 107 – citado por Roque Carrazza, *Curso* ..., 19ª ed., p. 472, nota 50.

do Estado, em relação a determinado administrado, o que importa a movimentação da máquina estatal, para analisar se o obstáculo criado pode ou não ser superado. Para o exercício de tal atividade, que implica a emanação do poder de polícia, é que poderá o Estado exigir a cobrança de taxa".[56]

Trata-se de um pensamento conectado com o próprio conceito de poder de polícia. Realmente, sendo este, como já mencionamos, o conjunto de regras legais ou infralegais que regulam o exercício dos direitos à liberdade e à propriedade dos administrados, o efetivo exercício do poder de polícia, por sua vez, só pode ser a concretização das referidas regras diretamente aos administrados. Ou seja, o Estado efetivamente exercita seu poder de polícia quando levanta um obstáculo direcionado ao administrado, restringindo-lhe ou não o uso de seus direitos à liberdade ou à propriedade.

Ora, esta é, sem dúvida, a materialidade da hipótese de incidência de uma taxa de polícia. Somente com um agir concreto, isto é, somente quando o exercício do poder de polícia alcança um dado resultado, uma conclusão, é que podemos falar em possível tributação por meio de taxa de polícia.

Na verdade – seguindo a doutrina de Geraldo Ataliba –, o poder de polícia se exterioriza por meio de atos de agentes públicos, que funcionariam como condição ou preparo do ato propriamente de polícia. Esse ato propriamente de polícia, portanto, seria o resultado de uma série de atos que, até não culminarem no referido resultado, não estariam aptos a possibilitar uma tributação por meio de taxa de polícia.

Fazendo referências aos agentes públicos, Geraldo Ataliba assim se manifestou:

"'Estes (os agentes públicos) desempenham exames, vistorias, perícias, verificações, avaliações, cálculos, estimativas, confrontos e outros trabalhos como *condição* ou *preparo* do ato propriamente de polícia, consistente em autorizar, licenciar, homologar, permitir ou negar, denegar, proibir etc.

"'Entende-se que estas atividades se constituem na hipótese de incidência da taxa; elas é que justificam a sua existência, da pessoa interessada nas conclusões ou no resultado de tais atos (este resultado ou conclusões, sim, eminentemente expressivos do poder de polícia).

---

56. *Taxas de Polícia*, p. 36.

LIMITES DETERMINADOS POR SUA "REGRA-MATRIZ" 87

"'Dessas afirmações decorre que não se pode exigir taxa pelo poder de polícia quando o seu exercício não exija uma atividade ou diligência semelhante.'"[57]

Sem a produção de um efetivo resultado direcionado ao administrado, independentemente de ser esse resultado vantajoso ou não, não haverá hipótese de tributação válida por meio de taxa de polícia.

Este resultado, que revela a efetividade do exercício do poder de polícia – de acordo com Régis Fernandes de Oliveira –, acaba por se consubstanciar num "documento, denominado alvará, que implica uma exceção, manutenção ou fiscalização de exceção aberta".[58]

Como atos administrativos – segundo esse autor – aptos a dar margem à cobrança de taxa de polícia estariam a *licença*, a *autorização*, a *dispensa*, a *isenção* e a *fiscalização*, estando excluídos, assim, dessa possibilidade, a *aprovação*, a *renúncia*, a *admissão*, a *homologação*, a *recusa*, o *visto*, o *parecer*, a *proposta* e os *atos punitivos* e os de *repressão*.[59]

Assim – prossegue –, o Estado efetivamente exerce seu poder de polícia ao "remover obstáculo criado pela norma geral, mantê-lo ou fiscalizar a autorização ou licença expedida".[60]

Essa conclusão foi alcançada também por Pérsio de Oliveira Lima, segundo o qual: "Portanto, o exercício do poder de polícia não está na existência deste poder, mas no ato administrativo *in concreto*, praticado pela autoridade competente, que, pela emissão de um *juízo expressivo* do poder de polícia, remove um obstáculo jurídico para a prática de um ato ou impõe a abstenção de um fato e atua observando o devido processo legal".[61]

---

57. "Taxa de polícia – Localização e funcionamento", in *Estudos e Pareceres de Direito Tributário*, vol. 3, São Paulo, Ed. RT, 1980, p. 241 – citado por Roque Carrazza, *Curso* ..., 19ª ed., pp. 474-475.

58. *Taxas de Polícia*, p. 54.

59. Idem, pp. 39-42.

60. Idem, p. 56.

61. "Taxa de localização e funcionamento – Município de São Paulo", in Dejalma de Campos e Edvaldo Brito (coords.), *Direito Tributário Contemporâneo: Estudos de Especialistas*, p. 52 (grifos do original). Ainda nesta obra, por essas razões, o autor, comentando, de fato, a taxa de localização e funcionamento do Município de São Paulo, assim se manifestou: "Acontece que a cobrança *anual* da taxa, de forma reiterada, pela Prefeitura Municipal é ilegítima, porque a referida taxa é fundada no poder de polícia e não há *anualmente um ato expressivo do poder de polícia* da Municipalidade em relação aos contribuintes" (pp. 49-50 – grifos do original).

88 TAXAS – LIMITES CONSTITUCIONAIS

Ainda quanto à taxa em estudo, ao contrário do que vimos para as taxas de serviços, a utilização potencial do poder de polícia não autoriza o Estado a exigir essa modalidade tributária. Ter a disponibilidade de utilização do poder de polícia significa que o administrado dele ainda não se utilizou – o que equivale a dizer, conseqüentemente, que o exercício desse poder de polícia não foi, da mesma forma, efetivado, pois do contrário o administrado, sendo atingido pelo exercício do poder de polícia, dele teria se utilizado.

Se a materialidade da hipótese de incidência dessa modalidade de taxa exige o *efetivo* exercício do poder de polícia pela Administração, significa dizer que, de alguma forma, favoravelmente ou não, será atingido, em concreto, o administrado.

Apenas com o alcance efetivo, e não potencial, do administrado por esse poder de polícia – o que corresponde a ter sido seu exercício realmente concretizado – é que pode haver tributação via taxa de polícia.

A utilização em potencial do poder de polícia do Estado não se harmoniza e nem se compatibiliza com a necessidade de seu efetivo exercício, para fins de tributação válida por meio desta taxa. Se foi efetivo o exercício do poder de polícia, significa que sua manifestação também ocorreu. E não de forma potencial, mas sim de forma concreta e efetiva, com a obtenção de um resultado, favorável ou não, dirigido ao administrado.

Seria ilógico pensar na tributação por meio dessa taxa pela utilização potencial do exercício do poder de polícia. Não existe utilização potencial simultânea com um efetivo exercício do poder de polícia. São situações opostas.

Se não foi manifestado é porque não foi efetivo, e, dessa forma, por não ter sido efetivo, não dará margem à tributação válida por meio de taxa de polícia, disso decorrendo, ainda, que sempre que a manifestação do exercício do poder de polícia estiver em disponibilidade é porque não se preencheu a materialidade da hipótese de incidência da respectiva taxa de polícia, que, por pressupor um efetivo exercício do poder de polícia, resultará sempre, quando válida, na ocorrência concreta do exercício do referido poder.

Assim se mostra, também, o entendimento de Régis Fernandes de Oliveira, segundo o qual não poderá acarretar tributação válida por meio de taxa de polícia "a mera potencialidade ou utilização potencial do exercício do poder de polícia".[62]

62. *Taxas de Polícia*, p. 37.

LIMITES DETERMINADOS POR SUA "REGRA-MATRIZ"

Este pensamento pode também ser verificado em Sacha Calmon Navarro Coêlho, quando exemplifica: "Não basta que o Departamento da Polícia Federal que concede passaportes esteja em funcionamento, para que o Poder Público Federal cobre 'taxa de expediente' de todos os que estiverem sob sua circunscrição, ao argumento de que o serviço está posto à disposição dos contribuintes. As 'taxas de polícia' se dão pela *realização de atos administrativos* com base no poder geral de polícia, *diretamente relacionada à pessoa do contribuinte*".[63]

2.2.2 O poder de polícia também deve ser "específico" e "divisível"

Ainda que em relação ao aspecto acima referido difiram das taxas de serviço – já que estas podem resultar da disponibilidade de alguns serviços, conforme determinados valores prestigiados pela Constituição Federal –, a elas se assemelham as taxas de polícia, na medida em que a atuação estatal que lhes é correspondente, ou seja, o efetivo exercício do poder de polícia, deve, também, ser específica e divisível.

Dessa forma, o exercício do poder de polícia, pelo Estado, uma vez efetivo – vale dizer, tendo sido produzido determinado resultado ou dada conclusão –, deve atingir, para viabilizar uma tributação correta por meio de taxa de polícia, especificamente o administrado, além de poder ter seu uso individualmente mensurado.

Para Roque Carrazza, por sua vez, "a taxa de polícia só deve ser exigida da pessoa que especificamente é alcançada por um ato de polícia de efeitos individuais (*ato individualizável*)".[64]

Nesse sentido – acerca da atribuição da divisibilidade ao poder de polícia –, Sacha Calmon Navarro Coêlho exemplifica: "O ato de policiar uma praça, onde se realiza uma manifestação qualquer, para evitar distúrbios, não se presta, já se vê, para ser ato jurígeno, no sentido de gerar a cobrança de uma taxa".[65]

E continua o autor: "Quem solicita um passaporte e efetivamente o recebe, ou um alvará ou uma licença, ou recebe, via medidor, água fornecida por serviço sustentado pelo Poder Público, sob regime jurídico-tributário, em verdade recebe parcelas individualizadas de serviço público (utilidade e manifestações concretas de poder de polícia)".[66]

---

63. *Comentários à Constituição de 1988 – Sistema Tributário*, 6ª ed., 4ª tir., p. 48 (grifos do original).

64. *Curso ...*, 19ª ed., p. 475 (grifos do original).

65. *Comentários ...*, 6ª ed., 4ª tir., p. 45.

66. Idem, p. 46.

90 TAXAS – LIMITES CONSTITUCIONAIS

2.2.3 A "gratuidade" e o exercício do poder de polícia

Por fim, ainda em relação às taxas de polícia, assim como se dá no que tange às taxas de serviço, o exercício do poder de polícia também pode ocorrer de forma não-remunerada – ou seja, nada obsta a que o Estado pratique um dado ato de polícia a título, justificadamente, gratuito. Como exemplo de gratuidade no exercício do poder de polícia podemos citar a existente fiscalização sanitária.[67]

Neste caso, agora com o poder de polícia, assim como também pode ocorrer com a taxa de serviço, a atuação estatal mostra-se gratuita, advinda sua remuneração por meio das receitas gerais do Estado, representadas pela arrecadação dos impostos (em sua maioria), dos preços etc.

Percebemos que o custeamento do poder de polícia, específico e divisível, passível de taxação porém exercido a título gratuito revela-se semelhante àquele conferido aos atos de polícia gerais e indivisíveis, que não são tributáveis por meio de taxas e que dependem, conseqüentemente, das demais receitas do Estado para existirem.

2.2.4 Servidão administrativa e desapropriação não são espécies de poder de polícia

Sem nos delongar demasiadamente, cumpre-nos também deixar consignado, a fim de que não haja qualquer tipo de confusão, que o poder de polícia, ora sob análise, é instituto cujo conceito não alcança as servidões administrativas e tampouco as desapropriações.

Realmente, enquanto o poder de polícia relaciona-se, em uma de suas formas, com uma limitação ao exercício do direito à propriedade, em favor de uma coletividade, as servidões administrativas e desapropriações dizem respeito a *sacrifícios* deste direito, de forma que o direito à propriedade é atingido em sua própria essência.

Com a servidão administrativa o Poder Público acaba por colocar determinado bem sob uma sujeição especial ao interesse público, resultando em seu desfrute direto pela Administração ou coletividade em geral. Traduz-se ao administrado como uma obrigação de suportar.

Com o poder de polícia, por sua vez, apenas delimita-se o exercício desse direito à propriedade, sem que haja qualquer gravame especial sobre esta, de forma a sujeitá-la ao interesse público, sim, porém,

---

67. Cf. Roque Carrazza, *Curso* ..., 19ª ed., p. 479.

LIMITES DETERMINADOS POR SUA "REGRA-MATRIZ"   91

com o fim maior de apenas compatibilizar o exercício daquele direito com o bem-estar social. Traduz-se ao administrado como uma obrigação de não-fazer.

Segundo lições de Celso Antônio Bandeira de Mello:

"Enquanto através do poder de polícia – nas chamadas limitações administrativas – o dano social é evitado (ou, reversamente, o interesse coletivo é obtido), pelo simples ajustamento do exercício da propriedade ao bem comum, nas servidões administrativas o bem particular é colocado sob parcial senhoria da coletividade. (...).

"No poder de polícia *é idéia predominante a vedação de um comportamento*; na servidão, diversamente, predomina a idéia de auferir especificamente um valor positivo da coisa, previamente reconhecido como existente nela *in actu*, não *in potentia*."[68]

Da mesma forma, não se confunde o poder de polícia com as desapropriações, que, longe de limitarem o direito à propriedade, são – segundo mesmo autor – procedimentos desencadeados pelo Poder Público tendentes a compulsoriamente despojar alguém de uma propriedade, adquirindo-a mediante indenização, e realizando-a em prol do interesse público.[69]

2.3 Questão conexa: "pedágio"

A questão acerca do pedágio merece nossa especial atenção, daí julgarmos oportuno dedicar-lhe item à parte. Tal se dá ante o fato de termos uma cobrança estatal com natureza de taxa, porém sob denominação própria, diversa, apta a dar margem a dúvidas quanto à sua real natureza jurídica.

Afirmamos, desde já, ser o pedágio uma verdadeira taxa de serviço. Ora, realmente, o pedágio é cobrado pela pessoa política, ou quem lhe faça as vezes, como forma de remuneração do Estado, em face de seus administrados, pela utilização de vias *conservadas*.[70]

68. *Curso* ..., 15ª ed., pp. 719-720 (grifos do original).

69. Idem, p. 734.

70. No mesmo sentido, José Eduardo Soares de Melo: "Colocadas as posturas jurídicas dissonantes, inclino-me pela característica do pedágio como 'taxa', tendo em vista a inquestionável prestação de serviços de conservação de estradas, que tem o condão de abranger, implicitamente, a utilização do bem público, traduzindo-se em atividade do Poder Público sem característica privada, não podendo ensejar cobrança de preço" (*Curso de Direito Tributário*, p. 55).

92 TAXAS – LIMITES CONSTITUCIONAIS

Vale dizer, é o serviço público de conservação de vias públicas (logo, atividade pública, fora do comércio), diretamente referido aos administrados, que delas se utilizam, que autoriza o Estado a instituir, validamente, essa taxa de serviço, denominada de *pedágio*. Tal serviço público de conservação reflete-se, dentre outras coisas, nas "pistas duplas, iluminação feérica, vigilância constante, serviços de telefonia à margem, constante manutenção das pistas de rolamento e de placas ou signos de sinalização etc.".[71]

E, ainda, essa cobrança (pedágio) não só se subsume ao conceito de taxa, decorrente de sua regra-matriz constitucional – em especial no que se refere à taxa de serviço –, como vem a ter ainda na própria Carta, também em outras passagens, a confirmação dessa sua natureza jurídica tributária, o que vem a reforçar o afastamento de qualquer pensamento no sentido de qualificação do pedágio como sendo um preço, ou simplesmente tarifa.[72]

Realmente, assim procedeu nosso Texto Magno quando, ao mencionar essa exação na seção tratante das limitações ao poder de tributar (Seção II do Capítulo I do Título VI), também a inseriu em dispositivo que trata de tributos, além de caracterizá-la como uma exceção ao princípio que impede a instituição de tributos interestaduais e intermunicipais que venham a limitar o tráfego de pessoas ou de bens.

A importância dessa cobrança ganha especial relevo na medida em que se torna uma exceção, constitucional, à proibição de limitação ao tráfego de pessoas ou de bens, por meio de tributos interestaduais e intermunicipais. A bem da verdade, nossa Constituição Federal, ao preservar a manutenção de um Estado Democrático de Direito, assegurou às pessoas (com seus respectivos bens) o direito fundamental de ir e vir, qualquer que seja o âmbito territorial nacional (art. 5º, XV[73]).

Ocorre, entretanto, ter nossa Carta Suprema, em seu art. 150, V, excepcionado essa proibição de limitação ao direito de ir e vir, justamente quando dispôs acerca do pedágio: "Art. 150. Sem prejuízo de

71. Sacha Calmon, *Comentários ...*, 6ª ed., 4ª tir., p. 71.

72. Veremos em item próprio, mais detidamente, os contornos diferenciadores de taxas e preços.

73. "Art. 5º. Todos são iguais perante a lei, sem distinção de qualquer natureza, garantindo-se aos brasileiros e aos estrangeiros residentes no país a inviolabilidade do direito à vida, à liberdade, à igualdade, à segurança e à propriedade, nos termos seguintes: (...) XV – é livre a locomoção no território nacional em tempo de paz, podendo qualquer pessoa, nos termos da lei, nele entrar, permanecer ou dele sair com seus bens, (...)."

LIMITES DETERMINADOS POR SUA "REGRA-MATRIZ"   93

outras garantias asseguradas ao contribuinte, é vedado à União, aos Estados, ao Distrito Federal e aos Municípios: (...) V – estabelecer limitações ao tráfego de pessoas ou bens, por meio de tributos interestaduais ou intermunicipais, ressalvada a cobrança de pedágio pela utilização de vias conservadas pelo Poder Público".

É como se tivesse reafirmando que a proibição à limitação ao tráfego de pessoas ou bens realmente existe, como direito fundamental, mas poderia essa limitação ser excepcionada, no caso da instituição de pedágio, como forma de remuneração do ente público por serviços públicos de conservação em vias utilizadas pelos administrados, devendo, ainda, esse pedágio, como taxa de serviços, assumir uma feição de tributo sempre, e somente, de âmbito interestadual ou intermunicipal.

Assim, para ressarcir o Estado de gastos com a conservação de vias utilizadas pelos administrados, sempre no âmbito interestadual ou intermunicipal, e *somente nestas hipóteses*, a Constituição permitiu que houvesse uma limitação ao tráfego (ir e vir) de pessoas ou bens, no caso de não ser ressarcido por gastos efetuados na prestação do serviço público consistente na conservação das vias utilizadas, justamente, por esses administrados.

Dessa forma, ainda, ao vedar a tributação interestadual ou intermunicipal limitadora do tráfego de pessoas ou bens, salvo aquela realizada através de pedágio – ou seja, por meio de taxa de serviço (*de conservação de vias*) –, a Constituição acabou por associar o legítimo pedágio aos referidos âmbitos de tributação, interestadual ou intermunicipal, proibindo, assim, qualquer ação tributária, mesmo que por serviços também de conservação de vias (pedágio), que limite o tráfego de pessoas ou bens em âmbito estritamente municipal.

A única limitação possível ao direito fundamental de ir e vir, nessa interpretação à Constituição, dá-se com a instituição de tributos interestaduais ou intermunicipais que revistam a característica de taxa, em especial de serviço, como contrapartida de uma concreta atuação estatal de conservação das vias que sejam utilizadas pelos administrados, alcançados, portanto, específica e diretamente por esse agir estatal.

Disso resulta que não será possível a tributação por meio de taxa de serviço de conservação (pedágio), quando da utilização de vias conservadas pelo Poder Público (ir e vir), *estritamente municipais*, sendo, assim, vedada a tributação – ou seja, a instituição de pedágio (taxa de serviço) – para fins de ressarcimento do Estado pela conservação de vias com tal âmbito territorial.

TAXAS – LIMITES CONSTITUCIONAIS

Utilizando-nos, exemplificativamente, das lições de Roque Carrazza, temos que não será legítima a cobrança de pedágio "pela transposição de uma ponte, pela utilização de uma avenida, pelo percorrimento de uma estrada de terra, pela passagem numa via marginal, quando situada *intra muros*, isto é, dentro do território da própria pessoa política; e assim por diante".[74]

A razão disso vem esclarecida, também, nas palavras de Celso Ribeiro Bastos, citado por Roque Carrazza: "A diferenciação de regras para as vias intermunicipais e intramunicipais se deve ao fato de que o Município é o centro da vida ativa (ou de atividades) das pessoas. A rua é a maior expressão que se tem de um bem público e não se pode privar ou restringir o acesso a ela, sob pena de prejudicar drasticamente a liberdade e a vida civil dos munícipes. (...). O pedágio, aliás, como tributo mais antigo, é cobrado desde a Idade Média na travessia de cidades, jamais dentro delas".[75]

Ainda no que diz respeito ao pedágio, com a brevidade que este tópico vem a exigir, temos por infundado qualquer entendimento no sentido de que essa respectiva cobrança exija a existência, para o administrado, de qualquer via alternativa, de trânsito livre, já que nenhum apoio constitucional seria encontrado nesse sentido. Pressuposto constitucional da cobrança de pedágio é o gasto do Poder Público com os serviços de conservação das referidas vias, o qual deve ser suportado e dividido entre seus respectivos usuários.

Esta questão, finalmente, é encontrada nas lições de Antônio Carlos Cintra do Amaral, quando afirma: "*Data venia*, não me parece juridicamente sustentável afirmar-se que a existência de via alternativa, de livre trânsito, é necessária para que se possa cobrar pedágio, com base *em outras legislações*, ou no *público americano*, ou, ainda, na *doutrina rodoviária estrangeira e nacional*. Cabe ao jurista interpretar *normas jurídicas postas*. Vale dizer: uma conclusão juridicamente sustentável é a que se baseia no *direito positivo*. No caso do Brasil, o Direito Brasileiro".[76]

---

74. *Curso ...*, 19ª ed., p. 492.

75. Celso Ribeiro Bastos, "Rua, a maior expressão do bem público", jornal *Folha de S. Paulo*, "Tendências e Debates", ed. 9.10.1999, 1º Caderno, p. 3 – citado por Roque Carrazza, *Curso ...*, 19ª ed., pp. 492-493.

76. "Concessão de rodovias e cobrança de pedágio", in Celso Antônio Bandeira de Mello (org.), *Estudos em Homenagem a Geraldo Ataliba 2: Direito Administrativo e Constitucional*, p. 140 (grifos do original).

LIMITES DETERMINADOS POR SUA "REGRA-MATRIZ"   95

2.4 Questão conexa: "taxas" e "preços públicos", como institutos que remuneram atuações estatais

Acabamos de ver que o Estado está apto a instituir taxas, em especial, e unicamente, as de serviço e as de polícia, nos casos, respectivamente, de vir a prestar ou disponibilizar um serviço público, específico e divisível, ou exercer, efetivamente, seu poder de polícia.

Essa interpretação – decorrente do art. 145, II, da Constituição Federal – acaba por nos conduzir à analise de uma questão que lhe é conexa, mais especificamente aquela acerca dos preços públicos (cobrados pelo Poder Público), também denominados, simplesmente, de tarifas.

É que preços públicos também acabam alcançando atuações do Estado, implicando, muitas vezes, intencionalmente ou não, o mau uso desses dois institutos jurídicos, por vezes até mesmo descaracterizados, sendo, portanto, de fundamental importância a delimitação da real extensão de tais institutos, ou seja, seu correto alcance, para uma exata aplicação do regime jurídico que lhes seja próprio.

Podem, assim, esses institutos jurídicos – como já dizia Geraldo Ataliba[77] – confundir-se apenas no plano pré-jurídico, ou seja, na Ciência das Finanças, já que o princípio financeiro que os informa é o mesmo, enquanto entrada financeira, ou seja, ressarcimento, remuneração de uma despesa estatal etc. São receitas financeiras do Estado. Somente, portanto, no mundo pré-jurídico é que podemos aceitar essa confusão, já que juridicamente são institutos totalmente excludentes.

Assim, a diferenciação das taxas em relação aos denominados "preços públicos" (tarifas) torna-se imprescindível em nosso direito positivo[78] caso realmente queiramos observar um respeito pleno às regras peculiares de cada regime jurídico atual, seja público ou privado, tendo em vista nascer dessa análise uma possível atribuição de necessidade de obediência às diretrizes impostas por nosso sistema constitucional tributário, pela exata observância de suas regras e princípios.[79]

---

77. *Hipótese ...*, 6ª ed., 4ª tir., p. 165.

78. Sacha Calmon, acerca desse estudo, assim já se pronunciou: "Trata-se de uma das esquinas da tributarística, onde o estudioso fica perplexo sobre o caminho a seguir (...)" (*Comentários ...*, 6ª ed., 4ª tir., p. 54).

79. A relevância desta diferenciação entre taxa e preço não fugiu das atenções de Hugo de Brito Machado, conforme segue: "(...) cada qual se subordina a regime jurídico próprio, sendo certo que, a não existir um critério diferenciador, o Estado poderia burlar aquelas garantias constitucionais, bastando para tanto denominar preço público o tributo que pretendesse excluir do regime jurídico tributário. E isto, evidentemente, não se pode conceber. Seria tornar as garantias constitucionais me-

96 TAXAS – LIMITES CONSTITUCIONAIS

Basta, para tanto, estarmos diante da remuneração do Estado em face da prestação ou disponibilização de serviços públicos, específicos e divisíveis, ou do exercício efetivo do seu poder de polícia, ensejadores de remuneração por meio de taxas, sob as diretrizes do regime jurídico, portanto, de direito público (tributário): *igualdade, legalidade, anterioridade, retributividade* etc.

Assim, não poderá o Estado ser remunerado por meio de preço quando sua atuação estatal for típica de remuneração por meio de taxa; o mesmo valendo, ainda, para a situação contrária. Aproveitando-nos das palavras de Roque Carrazza nesse sentido, não é "dado ao legislador transformar estas *[taxas]* naqueles, *[preços]* e vice-versa".[80]

As razões são, a nosso sentir, claras, bem desenhadas por nosso ordenamento jurídico, o qual nos fornece um conjunto de elementos aptos a permitir que seja levada a cabo a referida diferenciação. É o que passaremos a delinear.

Primeiramente – indo agora mais diretamente ao ponto –, já podemos nos orientar pela própria regra-matriz, constitucionalmente[81] expressa, das taxas. Realmente, se uma dada situação fática vier a se subsumir ao arquétipo genérico constitucionalmente estabelecido às taxas, apenas poderá dar ensejo, por óbvio, a uma cobrança por meio dessa modalidade tributária.

O Estado somente pode instituir taxas para fins de seu ressarcimento pela prestação ou disponibilização de serviço público específico e divisível ou pelo efetivo exercício do poder de polícia – o que equivale, ainda, a dizer que, *se quiser se remunerar por essas atuações estatais, deverá, obrigatoriamente, utilizar-se das taxas*. E não de qualquer outro instrumento arrecadatório.[82-83]

---

ras figuras decorativas" ("Taxa e preço público", *Caderno de Pesquisas Tributárias* 10/136).

80. *Curso ...*, 19ª ed., p. 480 (esclarecemos).

81. Constituição – lembramos – imperativa, e não mera recomendação (cf. Geraldo Ataliba, "Taxas e preços no novo Texto Constitucional", *RDTributário* 47/154).

82. São lições de Geraldo Ataliba: "A segunda coisa que a Constituição diz ao legislador é: 'se você quiser que um determinado serviço público (que, por ser serviço público, é regulado por uma legislação administrativa de serviço público) seja remunerado, você deverá adotar o regime de taxa. E, mais do que isso, você só poderá adotar o regime de taxa'. Em outras palavras, 'não pode adotar, para remunerar o serviço público, o regime de preços'" ("Taxas ...", *RDTributário* 47/153).

Nesse contexto, em especial, também, quanto ao serviço público, assim se manifestou Aurélio Pitanga Seixas Filho: "Assim, serviço público é aquele presta-

LIMITES DETERMINADOS POR SUA "REGRA-MATRIZ" 97

Além disso, tirante a questão da própria regra-matriz, outro motivo impede que as taxas sejam, quando da remuneração de uma atuação estatal, indevidamente substituídas por preços públicos. Tal se deve ao fato, agora, de o regime jurídico dos preços ser distinto do regime jurídico das taxas – vale dizer, não podem institutos com regimes jurídicos próprios e distintos ser aleatoriamente conectados a fatos que exigem um regime exato a ser seguido, tendo em vista a própria natureza desses fatos.[84]

Assim, os preços, enquanto institutos típicos do regime jurídico de direito privado, apenas alcançam fatos regulados sob esse mesmo regime (decorrentes, assim, de um contrato). O mesmo ocorre para as taxas. Uma vez inseridas dentro do regime de direito público, já que se constituem como obrigações legais, acabarão direcionadas a fatos sob esse regime disciplinados (também decorrentes de lei).

Estamos, realmente, sob diferentes institutos jurídicos, excludentes entre si. Ou é possível, numa dada situação fática, instituir uma taxa, ou um preço público – sendo plenamente irrelevante para o Direito a vontade decorrente da respectiva pessoa política. A verificação de um desses institutos não requer escolha, mas sim respeito ao regime jurídi-

do por um órgão governamental, em regime de direito público, e como conseqüência deste regime legal poderá servir de referência ao legislador para ser eleito como fato típico tributário" ("Distinção entre taxa e preço público", *Caderno de Pesquisas Tributárias* 10/26). Realmente, "poderá servir", já que o exercício da competência tributária, por qualquer das pessoas políticas, é sempre uma faculdade, uma aptidão.

83. Independentemente, pois, no caso dos serviços públicos, de serem estes de fruição compulsória ou não. Em ambos os casos a remuneração da atuação estatal deve se dar pelo tributo *taxa*, já que de serviços públicos se trata. A compulsoriedade de fruição apenas interfere na possibilidade de tributação pela simples disponibilização do agir público. Não concordamos, pois, com a devida vênia, com o pensamento tendente a possibilitar uma remuneração por meio de preço ante o fato, apenas, de uma dada atuação estatal não ser de fruição compulsória, mas dependente da liberdade do administrado em utilizá-la (cf., também, Hugo de Brito Machado, *Curso* ..., 22ª ed., pp. 395-396; e Aurélio Pitanga Seixas Filho, "Caracteres distintivos da taxa e do preço público", *Cadernos de Direito Tributário e Finanças Públicas* 3/119-120).

84. Realmente, seguindo-se as lições de Américo Lacombe temos que: "Taxa é tributo. O seu regime jurídico é de direito público, mais especificamente de direito tributário. É um tributo em cuja norma está feita a previsão, no núcleo do seu antecedente normativo, de uma atuação estatal diretamente referida ao sujeito passivo (...). Preço é uma contraprestação por um serviço particular ou por uma compra. É um dos elementos do contrato de compra e venda, ou retribuição por um serviço, o regime é o de direito privado" ("Taxa e preço público", *Caderno de Pesquisas Tributárias* 10/21).

98 TAXAS – LIMITES CONSTITUCIONAIS

co adequado a uma determinada situação. Um dado instituto jurídico há de ser aplicado em algo sob o mesmo regime. Identificada uma relação jurídica como de direito público, diante de taxa estaremos; em sentido oposto, defrontando-nos com uma relação de direito privado, frente a um preço estaremos.

Prestando, por imperativo legal, um serviço público, específico e divisível, ou exercendo, efetivamente, seu poder de polícia, e podendo tais atuações desencadear a exigência de seu ressarcimento, o único instrumento válido para tanto será a taxa, como uma nova obrigação legal constitucionalmente prevista, que, justamente por advir de lei (a tributária – seu único móvel), também encontra-se sob a égide do regime jurídico de direito público.

Observando essa questão, pronunciou-se Aurélio Pitanga Seixas Filho, para quem: "Se o legislador estabelecer um regime de direito administrativo considerando a relevância do serviço, deverá, também, fixar um regime tributário para a respectiva remuneração".[85]

Da mesma forma, esclarecedoras são lições de Gilberto de Ulhôa Canto: "Então, o critério que me parece mais preciso e correto para discernir as prestações pecuniárias da natureza dos preços públicos e as taxas consiste em determinar a natureza das atividades que lhes dão causa, sob o prisma da sua inerência às funções do Estado; onde há esse nexo necessário, então haverá taxa, ao passo que teremos preço público quando, pela sua menor importância coletiva ou pela falta de sua vinculação com os elementos próprios das funções estatais, o serviço pode ser cometido a particulares".[86]

Por sua vez, ao atuar, prestando, por exemplo, um serviço que não seja público – vale dizer, não decorrente de lei –, estará o Estado impedido de remunerar-se por meio de taxa, já que o regime jurídico, neste caso, será o de direito privado. Sendo inatingível, portanto, pelas taxas, acabarão por vigorar os preços, dentro de uma relação contratual, de liberdade entre as partes.[87]

Nas lições de José Juan Ferreiro Lapatza: "Una tasa es un tributo, es decir, es una obligación *ex lege* de derecho público. Un precio es

85. "Distinção ...", *Caderno de Pesquisas Tributárias* 10/30.
86. "Taxa e preço público", *Caderno de Pesquisas Tributárias* 10/90.
87. Observam Eusebio González e Ernesto Lejeune: "(...) estamos dentro del ámbito de las tasas cuando no cabe dicha negociación, porque los correspondientes derechos y obligaciones vienen imperativamente establecidos por la ley" (*Derecho Tributario I*, pp. 183-184).

LIMITES DETERMINADOS POR SUA "REGRA-MATRIZ" 99

una cantidad que ha de pagarse en cumplimiento de una obligación, derivada de un contrato".[88]

Os preços, dessa forma, por serem informados pela autonomia da vontade, e não da lei, têm como característica primordial serem fruto de uma relação jurídica contratual, estabelecida em caráter de manifesta liberdade entre as partes envolvidas, no sentido de estabelecerem uma exata equivalência entre seus direitos e deveres – vale dizer, entre encargos e vantagens –, daí advir uma clara situação de reciprocidade entre tais prestações, sendo umas, como ensina Roque Carrazza, causa e efeito das outras.[89]

Dentro desse clima de reciprocidade, como obrigação convencional, não podem suas cláusulas ser alteradas de forma unilateral por qualquer das partes contratantes. Aquilo que fora pactuado deve ser estritamente observado, já que – não podemos nos esquecer – por meio dessa convenção objetivaram as partes o estabelecimento de direitos e deveres equivalentes.[90]

As taxas, diferentemente do que ocorre com os preços, não decorrem de uma relação jurídica contratual, fruto da vontade das partes envolvidas. Muito pelo contrário. Nascem da lei, como resultado de uma atuação estatal prestada também por imperativo legal – sob o regime, portanto, de direito público –, imediata e diretamente referida ao administrado. São obrigações legais, e, portanto, compulsórias, daqueles que pagam as taxas, ou seja, dos contribuintes.

As atuações estatais de prestação de serviços públicos e de exercício do poder de polícia, desta forma, por decorrerem de lei – sob o regime jurídico, portanto, de direito público –, não podem dar origem a preços, uma vez que estes decorrem, sob um regime privado, de uma

---

88. *Curso de Derecho Financiero Español*, 22ª ed., p. 211. No mesmo sentido Juan Martín Queralt, para quem a taxa "(...) (a) es una obligación *ex lege* que no tiene su causa en un contrato, a diferencia de lo que ocurre con los precios; (b) la tasa origina un ingreso de derecho público, lo que conlleva la aplicabilidad de un régimen de derecho público (vía de apremio, garantías del crédito tributario, presunción de legalidad etc.), régimen que no concurre en el caso de los precios" ("Tasas y precios públicos", in Juan José Ferreiro Lapatza, Juan Martín Queralt, Francisco Clavijo Hernández e outros, *Curso de Derecho Tributario – Parte Especial – Sistema Tributario: los Tributos en Particular*, 13ª ed., p. 822).

89. *Curso ...*, 19ª ed., p. 480.

90. Exemplo típico de uma relação jurídica contratual da qual deriva um preço é o contrato de compra e venda, em que, numa relação de reciprocidade, uma parte entrega determinada coisa, ao passo que a outra acaba por pagar o preço que fora fixado.

100   TAXAS – LIMITES CONSTITUCIONAIS

contraprestação, que no caso daquelas atuações não existe, já que, repita-se, decorrem da simples vontade da lei, e não da vontade da parte envolvida na respectiva relação.

São oportunas as lições de Roque Carrazza ao afirmar que: "Sendo tal atividade realizada por *imperativo de lei*, não pode fazer nascer um simples preço (uma contraprestação). Sem dúvida, eis aí duas colocações antitéticas, pois, se a atividade vem a lume por determinação legal, não se opera em conseqüência de uma contraprestação".[91]

Nesse sentido, Marco Aurélio Greco aduz os seguintes argumentos: "'Assim, se o serviço público se caracteriza pelo regime jurídico, e este não se constitui em regime de direito privado, logicamente não pode dar ensejo a um preço, que é a figura mais típica e expressiva de relação de direito privado'".[92]

A diferenciação na aplicação de regimes jurídicos, público e privado, em nossa Constituição Federal, naquilo que nos interessa, também restou, de sua feita, claramente observada e apartada, quando a mesma acaba por separar expressamente, como já vimos, o campo do serviço público, atribuído ao Estado (art. 175[93]), do campo da iniciativa privada (art. 173[94]), já que, ao assim proceder, a Constituição ao privado alça o regime jurídico típico dos preços (regime privado), e ao público o regime jurídico típico das taxas, enquanto regime legal (regime público).

Daí Alberto Xavier haver se expressado no sentido de que, uma vez sendo dada atividade essencial às funções estatais, não poderá resultar noutra coisa que não uma taxa.[95] Nessa esteira de raciocínio, pertinentes as lições conjuntas de Juan Martín Queralt, Carmelo Lozano Serrano e Francisco Poveda Blanco: "(...) (2) la posibilidad de que el servicio se preste por el sector privado – lo que daría lugar a un precio público – o la ausencia de esta nota – en cuyo caso estaríamos ante una tasa".[96]

---

91. *Curso* ..., 19ª ed., p. 480 (grifos do original).

92. Marco Aurélio Greco e Hamílton Dias de Souza, *A Natureza Jurídica das Custas Judiciais*, São Paulo, OAB-SP/Resenha Tributária, 1983 – citados por Geraldo Ataliba, *Hipótese* ..., 6ª ed., 4ª tir., p. 166.

93. "Art. 175. Incumbe ao Poder Público, na forma da lei, diretamente ou sob regime de concessão ou permissão, sempre através de licitação, a prestação de serviços públicos."

94. "Art. 173. Ressalvados os casos previstos nesta Constituição, a exploração direta de atividade econômica pelo Estado só será permitida quando necessária aos imperativos da segurança nacional ou a relevante interesse coletivo, conforme definidos em lei."

95. *Manual de Direito Fiscal I*, p. 54.

96. *Derecho Tributario*, p. 38.

LIMITES DETERMINADOS POR SUA "REGRA-MATRIZ" 101

Realmente, as atividades típicas do Estado são atingidas pelo regime de direito público, cujas únicas prestações passíveis de serem instituídas a cargo dos administrados são, em nosso contexto, as taxas, e nunca os preços, já que é inviável qualquer trato destas atividades como negócios jurídicos privados, na medida em que elas – já dissemos – não se vendem. São coisas fora do comércio.[97]

A esse respeito Dino Jarach, citado por Geraldo Ataliba, para quem quando o intuito for a mera geração de lucro, fundamentado na livre concorrência, no livre comércio, cabe falar em preço. Do contrário, quando a receita for apenas instrumental, ou seja, relacionada apenas às atividades típicas do Estado, somente as taxas serão viáveis.[98]

Isto é assim porque certas atividades foram alçadas a um patamar singular para a comunidade, tendo em vista sua relevância. Não foram designadas para conferir lucro ao Estado, mas sim para cumprir os desideratos maiores de nosso ordenamento – ou, nas palavras de Geraldo Ataliba, para satisfazer "às exigências capitulares do nosso sistema".[99]

De acordo com Geraldo Ataliba, são perfeitamente aplicáveis à atual sistemática constitucional, mais uma vez, as lições de Marco Aurélio Greco e Hamílton Dias de Souza, embora construídas sob ordenamento passado – porém, no aspecto que nos interessa, semelhantes à sistemática atual.

Assim, para esses autores uma diferenciação entre taxas e preços já seria fornecida pela própria Constituição Federal justamente naquele exato momento em que acaba por separar, como vimos, os campos de atuação público e particular, conferindo-lhes uma respectiva remuneração, por meio de taxas e de preços.[100]

---

97. Nesse sentido, também, Hamílton Dias de Souza e Marco Aurélio Greco, quando se referem a serviço público: "Sua prestação rege-se, portanto, pelo princípio da indisponibilidade do interesse público, segundo o qual ela se dá em razão de um comando do ordenamento (que torna indisponível a prestação) e não de um interesse econômico ou ligado à obtenção de lucro, como ocorreria numa atividade reservada ao particular" ("Distinção entre taxa e preço público", *Caderno de Pesquisas Tributárias* 10/114).

98. *Concetto Giuridico di Tassa e Natura del Corrispettivo del Servizio Comunale di Trasporto di Immondizie*, 1937, p. 501 – citado por Ataliba, *Hipótese* ..., 6ª ed., 4ª tir., p. 169.

99. *Hipótese* ..., 6ª ed., 4ª tir., p. 169.

100. *A Natureza* ..., p. 110 – citados por Ataliba, *Hipótese* ..., 6ª ed., 4ª tir., p. 169.

102   TAXAS – LIMITES CONSTITUCIONAIS

Seria, portanto, o tipo da atividade exercida que resultaria na aplicação correta de uma taxa ou de um preço. A aplicabilidade distinta destes dois institutos (taxa e preço) foi confirmada e diferenciada, assim, pela própria Constituição Federal, ao ter separado campos de atuação com regimes jurídicos distintos: *campo de atuação estatal* (referente às materialidades das taxas) – regime público (tributo); e *campo da iniciativa privada* – regime privado (preço).

É que a Carta Magna, ao assim proceder – ou seja, distinguindo regimes jurídicos próprios –, acabou, também, por diferenciar os respectivos institutos jurídicos que lhes são típicos. Vale dizer, sendo fruto de regimes jurídicos distintos, taxa e preço terão aplicabilidade também diferenciada, conforme o regime jurídico então verificado, decorrente de uma ou outra atuação (pública ou privada), ou seja, sobre um ou outro campo.

Taxas são fruto do regime público, enquanto preços decorrem do regime privado. Separados esses regimes, separados estarão, conseqüentemente, aqueles institutos. Dessa forma – prosseguia Geraldo Ataliba[101] –, tratando-se de exploração de atividade econômica (art. 173) ter-se-á, como forma de remuneração possível, um preço (campo de atuação privada). Por sua vez, sendo uma atividade própria do Estado – vale dizer, caso se trate de uma atividade pública (art. 175, por exemplo) –, sua remuneração correspondente será feita por meio de taxa (campo de atuação pública), *ex vi* do art. 145, II, da Constituição Federal.

Bem separados, serviços públicos mostram-se como prestações alheias ao campo da atividade econômica, originariamente conferidos ao Poder Público e resultantes – isto, sim – em utilidades ou comodidades básicas ao administrado.

Analisando essa questão sob a ótica do interesse público, apropriadas são as lições, novamente, de Marco Aurélio Greco, citado por Geraldo Ataliba:

"'Examinando o tema sob o prisma dos termos 'interesse público primário' e 'interesse público secundário' (subjetivo e patrimonial em sentido amplo), confirmam-se nossas assertivas. Para tanto, adotamos os conceitos formulados por Renato Alessi, que assim se expressa: 'O complexo de interesses coletivos prevalentes, que constituem o verdadeiro e próprio interesse coletivo em sentido presumidamente absolu-

101. *Hipótese* ..., 6ª ed., 4ª tir., p. 170.

LIMITES DETERMINADOS POR SUA "REGRA-MATRIZ" 103

to, designa-se, de forma sintética, interesse público primário. Este interesse público primário (...) distingue-se individualmente do interesse de cada sujeito particular: estes interesses particulares, próprios de cada sujeito singular (físico ou jurídico) existente no interior da coletividade, (...) denominam-se interesses secundários (...)'.

"'Assim, a execução de serviço público atende a interesse público primário, enquanto 'preço' é a expressão de atividade cujo móvel é a satisfação de um interesse subjetivo da pessoa jurídica 'Estado' *a se stante*, como pessoa, e não da coletividade como um todo'."[102]

Dessa forma, o preço alcançaria uma atividade desenvolvida para a satisfação de um interesse público secundário (cf. art. 173 da CF), enquanto a taxa alcançaria uma atividade (serviço público) voltada à realização do interesse público primário (cf. art. 175 da CF).

Aquilo que se caracterizar, portanto, como serviço público, como atuação específica do Estado (interesse público primário – art. 175 da CF), dará ensejo apenas e tão-somente à taxa. O preço, por sua vez, alcançará atividade não consistente em serviço público, mas sim atividade desenvolvida em regime idêntico ao dos particulares (cf. art. 173 da CF). O mesmo pensamento aplica-se – emendamos – ao exercício do poder de polícia, como realizador, também, do interesse público primário, sujeito, pois, à tributação por meio de taxa.

Já vimos, em linha passadas, ainda, que a comutatividade existente na relação jurídica que tem a taxa como objeto não se verifica de forma recíproca, ou seja, do administrado para a Administração e vice-versa.

A correspectividade, ou troca de utilidade, então, presente na tributação por meio de taxa diz respeito apenas e tão-somente ao entendimento de que o contribuinte paga determinada taxa por ter havido uma atuação estatal que figura na materialidade da hipótese de incidência de uma dada lei tributária (a prestação ou disponibilização de serviço público específico e divisível, ou o exercício efetivo do poder de polícia) que compeliu o administrado a tal pagamento.

A comutatividade, nessa relação, acaba nesse momento, já que a atuação estatal não se dá pelo fato de haver o pagamento da taxa pela outra parte (administrado), mas sim, antes de tudo, porque uma lei administrativa assim acabou por compelir o Estado.

---

102. Marco Aurélio Greco e Hamílton Dias de Souza, *A Natureza* ... – citados por Geraldo Ataliba, *Hipótese* ..., 6ª ed., 4ª tir., pp. 166-167 (grifos do original).

104 TAXAS – LIMITES CONSTITUCIONAIS

Em suma, na relação jurídica tributária que tenha a taxa como objeto seu pagamento decorre de uma lei que assim determina, por ter havido uma atuação estatal (só aí há a comutatividade). Por sua vez, o Estado realiza uma atuação estatal porque a lei assim o compeliu (aqui não há essa idéia de comutatividade).

No caso do preço, pelo contrário, a troca de utilidades é, sim, recíproca. Dá-se numa relação de causa e efeito entre as prestações. Dá-se algo em troca de um pagamento (preço). Paga-se um valor em troca da entrega de algo que é sempre desejado pelo beneficiário.

Assim, o administrado paga um preço por ter recebido certo benefício ou, ainda, um bem, que não se constituem em serviço público, pois se assim o fosse sua remuneração decorreria de lei, num regime de taxas, e não de preços.

Em contrapartida desse preço – e não da lei, como nas taxas – o Estado atua, prestando, por exemplo, excepcionalmente, um serviço no campo da exploração da atividade econômica (art. 173 da CF), não qualificável, portanto, como público, mas sim como serviço governamental, ou, entregando, ainda, ao administrado um determinado bem. A doutrina de Geraldo Ataliba é clara a esse respeito:

"(...) se o serviço é público, deve ser desempenhado por força da lei, seu único móvel. O pagamento (taxa) é-lhe logicamente posterior: é mera conseqüência; não é essencial à relação de prestação/uso do serviço.

"Se o serviço não é público – o que só seu regime jurídico pode definir, e não preconceitos políticos, administrativos etc. – então pode ter por mola ou força impulsionadora o pagamento (preço) do particular que recebe esse serviço."[103]

Assim, a lei seria o único móvel propulsor de um dado serviço público específico e divisível, sendo sua respectiva taxa uma mera conseqüência (cronologicamente posterior). No caso de um serviço que não seja público seu móvel não será a lei, podendo – aí, sim – ter como fato impulsionador o pagamento de um preço (contrapartida de uma prestação contratual voluntária).

Utilizando-nos dos exemplos fornecidos por Roque Carrazza,[104] o preço acabaria por remunerar, dentre outras coisas, a venda ou a locação de bens pertencentes ao domínio público, como a venda de viatu-

103. *Hipótese ...*, 6ª ed., 4ª tir., p. 166.
104. *Curso ...*, 19ª ed., p. 481.

LIMITES DETERMINADOS POR SUA "REGRA-MATRIZ"

ras "inservíveis", colocadas em licitação, bem como a locação de um imóvel público – casos em que poderíamos observar uma nítida voluntariedade, ou seja, uma real liberdade de negociação, em oposição ao serviço público, prestado como uma sombra nítida da vontade legal.

Realmente, o próprio serviço público, por ser prestado por determinação legal, tipifica-se como bem indisponível, coisa fora do comércio (*res extra commercium*), não sujeito, portanto, a qualquer negociação, daí advindo a real impossibilidade de vir a ensejar uma cobrança de preço, marcado – este, sim – pela real disponibilidade do objeto do negócio, entre partes igualmente relacionadas, sob a égide de uma relação contratual voluntária.

Dessa forma, o Estado não pode dispor de um serviço público. Deve prestá-lo sempre, por ser indisponível, nos termos da lei – portanto o seu único móvel –, com o fim maior de realizar os interesses públicos.

Ainda acerca da impossibilidade de negociação do serviço público, temos que ela se verifica tanto por parte do Estado – que é obrigado, por lei, a prestá-lo – como por parte do administrado (contribuinte), que, para dele poder se utilizar, deverá atender às suas respectivas exigências legais.

Quando um dado serviço privado ou, ainda, governamental (art. 173) é prestado o lucro a ser obtido mostra-se como referencial estabelecido por seus prestadores, ao contrário da prestação de serviço público, cujo critério adotado vem a ser a satisfação de uma utilidade pública, imprescindível, necessária ou conveniente.

Deveras, sendo indisponível, não passível de qualquer tipo de negociação (quer por parte da Administração, quer por parte do administrado), o serviço público – repita-se – mostra-se como coisa fora do comércio.

Qualificando certas atuações estatais como serviços públicos, a Constituição Federal acabou por retirá-las do mercado. Daí não ser possível serem tais atividades alcançadas pelo regime jurídico de direito privado.

Não fazendo parte do mercado (*res extra commercium*), a Carta Maior qualificou tais atuações como um dever-poder do Estado, a quem cabe seu desempenho. Não para auferir receita, no sentido de lucro, como numa atividade econômica, mas sim no sentido de poder atender aos desideratos constitucionais.

As atividades estatais consistentes na prestação de serviços públicos, por estarem fora do comércio, não objetivam a produção de riqueza, enquanto exploração de uma atividade econômica, constituindo-se sua remuneração em uma forma de viabilização do custeio decorrente da satisfação de utilidades públicas.

Estando fora do comércio, essa remuneração não pode advir de uma relação contratual, informada pela autonomia da vontade das partes, regrada pelo regime de direito privado, mas apenas poderá decorrer de imperativo legal (regime de direito público).

Exatamente por isso é que não pode um serviço público ser remunerado por preço, que requer, justamente, aquilo do qual a prestação daquele serviço não decorre – vale dizer, uma relação de disponibilidade e liberdade entre as partes.

Marco Aurélio Greco e Hamílton Dias de Souza nesse sentido se pronunciaram: "'Exatamente por isso é que entendemos que a eventual contraprestação pecuniária que o usuário do serviço for obrigado a desembolsar não pode ter natureza de preço, pois esse é figura nitidamente decorrente de relações de disponibilidade e liberdade estipulativa, o que não ocorre no serviço público, que é, por determinação constitucional, uma das entidades fora do mercado'".[105]

Tratando-se de utilidades indisponíveis que o Estado realiza ao administrado, realmente, não podem advir de outra coisa senão por meio de lei. Os preços – vimos – alcançam coisas disponíveis, negociáveis de acordo com a vontade das partes.

A remuneração de serviços públicos por meio de taxas, desta feita, dá-se não como forma de produção de riquezas para o Estado, mas sim com o intuito de viabilizar a satisfação de utilidades públicas, decorrentes, por serem essas indisponíveis, de lei.

Como já dissemos, o serviço público tem na lei o seu único móvel. Disso decorre que o pagamento da taxa é um momento posterior à relação "prestação/uso" do serviço. A referida prestação decorreu por imperativo legal, em face da utilidade pública então desenvolvida.

Após essa relação é que se pode dar uma outra, qual seja, a tributária, com uma tributação por meio de taxa, bastando vontade política para isso, além da plena observância das regras tributárias constitucionalmente estabelecidas.

---

105. *A Natureza* ..., p. 56 – citados por Geraldo Ataliba, *Hipótese* ..., 6ª ed., 4ª tir., pp. 161-162.

LIMITES DETERMINADOS POR SUA "REGRA-MATRIZ" 107

Os referidos serviços públicos seriam produzidos, sim, naqueloutra relação de prestação/uso do serviço público, que não se vende e nem se compra. Limita-se o Estado, tão-somente, a prestá-lo, conforme preconizado na lei.

Queremos demonstrar, também, com tudo isso, que o não-pagamento de uma taxa, pelo administrado, por ser essa uma relação jurídica posterior, nenhuma interferência poderá acarretar na prestação de certos serviços públicos, em especial naqueles de prestação continuada.

Por decorrer de lei, um serviço público deverá sempre ser prestado pelo Estado, ainda que sua remuneração pela respectiva taxa não esteja sendo realizada. Roque Carrazza, no mesmo sentido, confirma que, "com ou sem pagamento de taxa, o Estado não pode eximir-se de, em cumprimento à lei, prestá-lo".[106]

Esse autor, ao exemplificar a situação acima analisada, cita o serviço público de fornecimento de água. Prestando o Estado o referido serviço, não poderá, na hipótese de não-pagamento da respectiva taxa – *não poderá*, repita-se –, suspender a mencionada prestação, cortando o fornecimento de água, justamente por advir essa prestação, como já vimos, não do pagamento da taxa, mas sim, antes de tudo, da vontade da lei, seu único móvel.

O pagamento da taxa insere-se numa relação jurídica cronologicamente posterior à relação jurídica de prestação/uso do serviço. Aquela relação jurídica referida, ou seja, a tributária, a par de ser facultativa, revela-se possível, repita-se, somente depois de consumada a relação jurídica administrativa de prestar e utilizar um dado serviço público.

O Estado deverá, caso não seja devidamente remunerado por meio de taxa quando da prestação de um serviço público, utilizar-se dos meios jurídicos existentes para cobrança de tributos vencidos e não pagos, seja em âmbito administrativo, seja judicial (como a ação de execução fiscal), sem que isso signifique a suspensão dessa prestação. Essa atuação estatal, embora dirigida ao administrado inadimplente, deverá ter seu curso mantido.

---

106. *Curso* ..., 19ª ed., p. 481. Da mesma forma, Marco Aurélio Greco assevera: "'Destarte, quando a Administração, por força da lei, se vê na contingência de executar determinada prestação – característica esta conjugada com outras próprias do regime administrativo – ela o faz independentemente de qualquer eventual e futuro pagamento a cargo dos usuários'" (Marco Aurélio Greco e Hamílton Dias de Souza, *A Natureza* ... – citados por Geraldo Ataliba, *Hipótese* ..., 6ª ed., 4ª tir., p. 165).

Similar raciocínio encontra-se nas lições de Héctor B. Villegas, para quem: "Se o Estado deve necessariamente prestar tais serviços porque dizem respeito à sua subsistência, é evidente que não pode condicionar sua prestação ao fato de que os serviços correspondentes sejam ou não retribuídos. Entretanto, o que o Estado pode fazer é estabelecer gravames por ocasião do cumprimento de tais atividades (...)".[107]

Este é o correto entendimento a ser dado em matéria de taxas, em sua relação com os preços públicos, pois do contrário – ou seja, entendendo-se assim não ser ou, ainda, ser facultativa ao legislador a opção entre a instituição de taxa ou de preço[108] na remuneração de um serviço público específico e divisível, ou do efetivo exercício do poder de polícia – seria o mesmo que se aceitar constar do art. 145, II, da Constituição Federal, como diz Roque Carrazza, uma singela recomendação, passível, pois, de desacolhimento.[109]

Tal entendimento não é compatível com a atual Constituição Federal, em especial com o sistema constitucional tributário, que – nas palavras de Geraldo Ataliba – confere um estreito e próprio regime jurídico às atividades públicas.

Para o mesmo autor, realmente, entender-se aquele preceito constante do art. 145, II, do Texto Magno como uma mera faculdade do legislador – o que seria incorreto – seria pressupor que a atual Constituição resulta não em "norma jurídica superior e imperativa, mas simples sugestão ao legislador", como se fosse possível a este optar pela observância ou não do mencionado preceito.[110]

107. "Verdades e ficções em torno do tributo denominado taxa", *RDP* 17/330.

108. Conforme Sacha Calmon, segundo o qual "o dilema resolve-se pela opção do legislador" (*Comentários ...*, 6ª ed., 4ª tir., p. 52).

109. Para o referido autor: "Se entendermos – como fazem muitos – que serviços públicos e atos de polícia podem ensejar a instituição e cobrança de 'tarifas', estaremos implicitamente admitindo que o art. 145, II, da Lei Maior faz uma mera exortação às pessoas políticas. É como se nele estivesse estatuído: se a União, os Estados, os Municípios e o Distrito Federal quiserem colocar-se sob a égide do sistema constitucional tributário brasileiro, remunerem-se, pelos serviços públicos prestados ou pelos atos de polícia realizados, por meio de taxas; se, porém, quiserem optar com inteira liberdade, remunerem-se por meio de 'tarifas'. Com esta possibilidade de 'opção' – que um segmento ponderável da doutrina assegura existir –, as pessoas políticas invariavelmente têm-se remunerado, como era de se esperar, por meio de 'tarifas'. Só que esta, segundo supomos, não é a melhor interpretação para um dispositivo constitucional" (*Curso ...*, 19ª ed., p. 482, nota 65).

110. Geraldo Ataliba, *Hipótese ...*, 6ª ed., 4ª tir., p. 160.

LIMITES DETERMINADOS POR SUA "REGRA-MATRIZ" 109

Ora, vimos, em linha passadas, que nossa Constituição Federal é dotada do atributo da supremacia, sendo a base de todo nosso sistema de Direito. Devem suas diretrizes ser fielmente seguidas pelas legislações infraconstitucionais, sendo do Texto Maior um puro reflexo – o que equivale a dizer que o preceito constante do seu art. 145, II, longe de ser uma mera recomendação, encontra-se como um legítimo norte imperativo.

Ainda em suas lições, Geraldo Ataliba assim se manifestou: "Na verdade, essa interpretação não é correta. *[acerca da faculdade de escolha do regime de remuneração dos serviços públicos]* Ou a Constituição é norma e, pois, preceito obrigatório, ou não é nada; não existe; não tem eficácia. O que não pode o jurista é atribuir-lhe a singela função de lembrete ou recomendação. A Constituição, lei máxima, sagrada e superior, ordena, manda, determina, impõe. A tarefa do intérprete é, exatamente, desvendar o que a norma está impondo, em cada caso".[111]

Realmente, a Constituição é imperativa. O exercício da competência tributária prevista no seu art. 145, II, é que se revela facultativo. Daí valermo-nos, para corroborar essa assertiva, das considerações de Geraldo Ataliba, para quem: "(...) a única liberdade que a Constituição dá ao legislador é para decidir se a prestação de dado serviço público específico e divisível (isto é: que possa ter prestação individual e, pois, fruição singular pelos utentes) será remunerada ou não".[112]

Vale dizer, se quiser a pessoa política competente se remunerar por serviços públicos específicos e divisíveis que venha a prestar ou disponibilizar (em certos casos), ou, emendamos, pelo efetivo poder de polícia – o que dependerá, aí, sim, de sua vontade –, deverá assim proceder, apenas e tão-somente, por meio de taxa, alçando os administrados à proteção do regime tributário,[113] ou seja, ao conjunto de normas e princípios constitucionais que regulam a atividade tributante estatal. A escolha pela taxa é imperativa.

Sua instituição, entretanto, é que se revela facultativa, pois nada impede que sejam aqueles serviços – a exemplo do serviço de vacinação – prestados a título gratuito.

111. Idem, ibidem (esclarecemos).
112. Idem, ibidem.
113. Para Geraldo Ataliba esse regime tributário, informado por princípios constitucionais, "é obrigatório para o legislador e erige direitos públicos subjetivos para todos os contribuintes" (*Hipótese* ..., 6ª ed., 4ª tir., p. 160).

110 TAXAS – LIMITES CONSTITUCIONAIS

Os resultados de uma eventual escolha do legislador seriam, por assim dizer, desastrosos para os direitos dos contribuintes bastando, para tanto, as pessoas políticas, para se remunerarem daquelas suas atuações, instituírem preços ao invés de – o que seria correto –, taxas, estas, sim, com sua validade condicionada ao regime jurídico tributário, com destaques aos seus grandes princípios, como os da legalidade, da anterioridade, da igualdade etc., não restando outra opção aos administrados senão baterem às portas da Justiça para serem excluídos dessa indevida cobrança, qualificada por Roque Carrazza como uma verdadeira "pseudotributação".[114]

Advém de toda essa análise somente caber às pessoas políticas, caso queiram remunerar-se por suas atuações estatais – em especial por serviços públicos, específicos e divisíveis, efetivamente prestados ou postos à disposição, ou pelos atos e diligências que culminaram na efetividade do exercício de seu poder de polícia –, a instituição de taxas, respectivamente, de serviço e de polícia. Nunca por meio de preço público ou, simplesmente, tarifa.

Apenas como registro – sem que nos aprofundemos nos conceitos e contornos daí decorrentes, já que alheios ao tema central deste estudo –, temos que essa sistemática não se altera quando os serviços públicos são prestados mediante concessão ou permissão (art. 175 da CF), vale dizer, por terceira pessoa, diversa do Estado, a títulos, respectivamente, oneroso e precário.

Assim, mesmo nessas hipóteses, sendo prestados serviços públicos específicos e divisíveis, nem por isso seu regime se alterará, podendo culminar, no caso de serem remunerados, apenas e tão-somente na instituição de taxas, e não de preços.[115] Daí decorre a aplicação, à referida remuneração, do regime tributário, em especial de seus magnos princípios.

A natureza jurídica do serviço público não se altera pelo fato de sua prestação ser levada a cabo por terceira pessoa que não o Estado.[116]

114. *Curso ...*, 19ª ed., p. 482, nota 65.

115. Em sentido contrário, entretanto, Celso Antônio Bandeira de Mello (*Curso ...*, 15ª ed., pp. 672 e 692) e Antônio Carlos Cintra do Amaral (*Concessão de Serviço Público*, 2ª ed., p. 19).

116. É oportuna, nesse ensejo, a observação de Gilberto de Ulhôa Canto, que se utiliza, porém, de raciocínio às avessas: "Relevante, sim, é a natureza do serviço prestado; ainda que o Estado tome a si atividade não inerente à sua condição de pessoa jurídica de direito público interno, não será caso de remuneração por taxa, mas sim por preço" ("Taxa ...", *Caderno de Pesquisas Tributárias* 10/107). No mesmo senti-

LIMITES DETERMINADOS POR SUA "REGRA-MATRIZ" 111

A remuneração de serviço público – consoante art. 145, II, da Constituição Federal – está atrelada, como mencionamos anteriormente, à modalidade tributária *taxa*.

Assim, serviços públicos prestados sob concessão ou permissão não perdem essa natureza jurídica publicística, o que equivale a dizer que os mesmos continuam como coisas fora do comércio, inegociáveis (interesses da coletividade) sempre, sob o regime de direito público – fundamentado, dentre outras coisas, na legalidade –, passíveis apenas de taxação. A remuneração do concessionário/permissionário possui a mesma natureza daquela que o Poder Público receberia caso prestasse diretamente dado serviço público.[117]

Versando sobre o tema, Fábio Barbalho Leite – no sentido de que o critério orientador na prestação de um serviço público revela-se sempre na satisfação de uma utilidade pública, esteja-se diante do Estado ou de terceiro (por meio de concessão ou permissão) – houve por bem assegurar: "Com efeito, a Carta Magna não pactua com tais distinções e, em sua sistemática, o serviço público é sempre dever próprio do Estado, que jamais transfere a titularidade ('senhorio' sobre o serviço público, o 'direito', dever para o Estado, de prestar o serviço público), eis que se trata de coisa inegociável. O que sucede nas concessões e permissões é a investidura do particular em posição jurídica autônoma de prestador de serviço público. Mas este, serviço público, nem deixa de ser público nem de refletir a soberania estatal (a própria necessidade de concessão ou permissão para o particular prestá-lo é demonstração suficiente desta intransferibilidade). Sempre bom lembrar que os serviços públicos representam interesses da coletividade, matizados pela indisponibilidade por parte da Administração".[118]

Portanto, a natureza de serviço público condiciona sua remuneração por meio de taxa, ainda que levada a cabo por particular, já que, como ainda veremos, nada obsta a que a capacidade tributária ativa seja delegada – sempre por meio de lei da pessoa política de Direito interno competente para a instituição do respectivo tributo – a pessoa

do – ou seja, de que a natureza jurídica da remuneração de serviço público não se altera quando o mesmo é prestado por terceira pessoa –, v. Carlos da Rocha Guimarães, "Taxa e preço público", *Caderno de Pesquisas Tributárias* 10/43.

117. Conforme, também, resposta dada pelo Plenário do X Simpósio Nacional de Direito Tributário, tendo como tema "Taxa e preço público" (Vittorio Cassone, *Direito Tributário*, 4ª ed., p. 352).

118. "O conceito de serviço público para o direito tributário", in Elizabeth Nazar Carrazza (coord.), *Direito Tributário Constitucional*, p. 206.

112 TAXAS – LIMITES CONSTITUCIONAIS

diversa (pública ou privada), para o implemento de suas próprias finalidades, desde que, porém, refiram-se estas últimas a finalidades públicas. Trata-se da ocorrência da parafiscalidade.

Ora, conforme o mesmo autor, "do ponto de vista dos administrados (...), melhor, do ponto de vista da Constituição, o concessionário
de serviço público exerce função pública",[119] legitimando, assim, a referida delegação.

Apenas como breve registro, temos que a escolha pela taxa não
seria preterida nem mesmo socorrendo-se do art. 175, parágrafo único,
III, do Texto Maior,[120] quando da menção acerca da questão da política tarifária.

É que a política tarifária, mencionada nesse dispositivo, atinge não
aquele que frui o serviço público concedido ou permitido, mas sim o
Poder Público que o concede ou permite, destinatário imediato dessa
norma. Tal o pensamento de Roque Carrazza, segundo o qual a referida política tarifária "deve ser realizada *não* pelo utente do serviço público, *mas* pela pessoa política que o concedeu ou o permitiu".[121]

É a posição, também, de Benedicto Porto Neto, para quem: "São as
cláusulas econômicas da concessão que estão sujeitas ao regime de direito privado. O serviço público, submetido que está ao regime publicis-
ta, segue fora do comércio, pelo quê não pode ser objeto de contrato".[122]

3. Limites quanto aos seus sujeitos ativo e passivo[123]

3.1 Sujeito ativo possível

O sujeito ativo é o credor da obrigação tributária, a quem a lei
atribui a exigibilidade do tributo.[124]

---

119. Fábio Barbalho Leite, idem, p. 210.
120. "Art. 175. Incumbe ao Poder Público, na forma da lei, diretamente ou
sob o regime de concessão ou permissão, sempre através de licitação, a prestação
de serviços públicos.
"Parágrafo único. A lei disporá sobre:
"(...);
"III – política tarifária;
"(...)."
121. *Curso* ..., 19ª ed., p. 483 (grifos do original).
122. *Concessão de Serviço Público no Regime da Lei 8987/95– Conceitos e
Princípios*, p. 103.
123. Apenas como nota de registro, esses limites dizem respeito ao aspecto
pessoal da hipótese de incidência tributária, com o qual se tem a determinação do

LIMITES DETERMINADOS POR SUA "REGRA-MATRIZ" 113

Será, num primeiro pensamento, aquele que seja titular da respectiva competência tributária.[125] Por sua vez, a competência tributária em matéria de tributos vinculados – no nosso caso, as taxas, cobradas pela atuação estatal de prestação ou disponibilização de um serviço público específico e divisível ou pelo exercício do poder de polícia – estará condicionada à existência da respectiva competência administrativa das pessoas políticas quando daquelas suas atuações.

A competência administrativa dessas pessoas políticas para a consecução daquelas materialidades passíveis de figurarem na hipótese de incidência do tributo *taxa* determinará a respectiva competência tributária para fins de sua instituição. Como assevera Roque Carrazza: "Portanto, a criação legislativa da taxa ou da contribuição de melhoria pressupõe a existência da competência administrativa da pessoa política tributante".[126]

Nesse campo das taxas, assim, a competência tributária respectiva, que não foi diretamente discriminada – e nem precisaria ser[127] –, como o é nos impostos, condiciona-se à respectiva competência administrativa – esta, sim, discriminada no corpo da Constituição Federal, nas formas privativa ou comum[128] – para a prestação do *serviço público* ou para a prática do *ato de polícia*. Nos mesmos moldes dessa competência administrativa (privativa ou comum) resultará, pois, sua competência tributária, ou seja, a faculdade de o Estado vir a instituir taxas de serviço e de polícia.

sujeito ativo, bem como o estabelecimento do critério identificador do sujeito passivo, já que, quanto a este último, apenas com o fato imponível será possível a determinação concreta, em cada caso, do sujeito passivo, até então genericamente indicado, com apoio no "destinatário constitucional tributário".

124. Cf. Geraldo Ataliba, *Hipótese* ..., 6ª ed., 4ª tir., p. 83.

125. Segundo as lições de L. Rodrigues de Almeida: "O sujeito activo não é, assim, a entidade que cria tributo – *embora possam coincidir* –, mas a entidade a quem a lei tributária atribui o *poder e dever de exigir a prestação*, poder irrenunciável, sujeito à lei, que vincula a Administração e o sujeito passivo" (*Introdução ao Direito Tributário Português*, p. 93 – nossos os primeiros grifos).

126. *Curso* ..., 19ª ed., p. 576.

127. Cf. Geraldo Ataliba, *Hipótese* ..., 6ª ed., 4ª tir., p. 155.

128. Com destaque, dentre outros, aos seus arts. 21, 22, 23, 25, 29, 30 e 32. A competência administrativa concorrente prevista no art. 24 da Constituição Federal não interfere, nestes moldes, no campo das taxas, já que diz respeito apenas ao estabelecimento de normas gerais pela União. Em relação às suas respectivas normas de efeitos concretos – estas, sim, passíveis de ensejarem taxas –, estarão as mesmas a cargo dos Estados e Distrito Federal, agora, porém, num âmbito de competência comum, que assim refletirá nas respectivas competências tributárias.

114 TAXAS – LIMITES CONSTITUCIONAIS

Vale dizer, a pessoa política que tiver competência administrativa para uma daquelas atuações estatais terá, por sua vez, da mesma forma, a competência tributária para a instituição da taxa que lhe seja correspondente, podendo cobrá-la, com base na respectiva lei tributária, sempre que – também com base em lei – forem realizadas aquelas atuações ou, em certos casos, quando o Estado estiver apto para tanto.

Não basta, entretanto, somente possuir aquela competência administrativa para que venha o Estado a exercer, *agora*, sua capacidade tributária ativa. É necessário, antes de tudo, que efetive aquela sua outra competência (administrativa), regulando, sempre por meio de lei, suas respectivas atuações estatais, para – aí, sim –, repita-se, viabilizar o exercício de sua capacidade tributária ativa, com a cobrança da respectiva taxa, seja por efetivá-las, seja por estar, em certos casos, materialmente apto a tanto.

Assim, enquanto o *exercício da competência tributária* no que diz respeito às taxas pressupõe apenas a *existência* de uma competência administrativa prévia em relação à prestação de serviços públicos ou ao exercício do poder de polícia, a *cobrança* deste tributo (capacidade tributária ativa) – ou seja, a ocorrência do *fato imponível* –, por sua vez, depende, agora, do *exercício efetivo* daquela competência administrativa.

Enquanto a competência administrativa não for efetivada – o que se dará, invariavelmente, mediante regulação das referidas atividades estatais, sempre por meio de lei – obstado estará o exercício da capacidade tributária ativa do Estado, porém não o da competência tributária.

Depois de exercitada a referida competência administrativa, através de suas respectivas regulamentações legais, é que – somente nesse momento –, agora tendo havido também o exercício de sua competência tributária, poderá o Estado exigir essa modalidade de tributo, logicamente que por meio dessa sua respectiva lei, sempre que efetivada sua atuação estatal ou, em certos casos, estando materialmente capaz para tanto.

Estamos a ver que a tributação, como cobrança, por meio de taxa somente será qualificada como legítima quando da verificação de duas leis.

Uma de índole administrativa, no exercício dessa competência pelo Estado, quando este, nesse contexto, regulará os aspectos da prestação de seus serviços públicos, bem como do exercício de seu poder de polícia.

A partir daí, portanto, poderá o Estado exercer sua capacidade tributária ativa, com base, agora, em uma *segunda* lei, esta como ação facultativa a prever aquelas referidas atuações, como sendo, nesse segundo momento, materialidades distintas da hipótese de incidência, respectivamente, de taxas de serviço e de polícia, sempre que realizadas ou em certos casos, materialmente aptas a tanto.

Portanto, é a competência administrativa que acaba por conduzir a identificação da competência tributária em matéria de taxa, vinculando, por sua vez, agora quanto à capacidade tributária ativa do Estado, não a uma competência administrativa meramente abstrata, inativa, mas sim, antes de tudo, a uma competência administrativa exercitada, sempre, devidamente, por meio de suas respectivas leis.

Ter competência administrativa porém não exercitá-la significa a pessoa política estar impedida de exercer a tributação por meio de taxas, com a finalidade de remunerar-se de sua atuação estatal efetivada ou apta materialmente a tanto. Essa tributação, como cobrança, requer, antes de uma competência administrativa apenas prevista, uma competência administrativa realmente concluída, já que a tributação por meio de taxas resulta da combinação imprescindivelmente sucessiva dessas duas previsões legais distintas, partindo-se desde a administrativa até a derradeira, tributária.

Disso tudo podemos concluir que, realizando uma das materialidades possíveis em matéria de taxas – ou seja, prestando um serviço público ou exercendo o poder de polícia –, ainda assim estará o Estado apto ao exercício da respectiva tributação (em termos de cobrança, e não de instituição) apenas e tão-somente quando aquelas atuações estatais, longe de terem sido prestadas ao acaso pelo Estado, estiverem – isto, sim – também devidamente previstas pelas leis concretizadoras de sua respectiva competência administrativa.

Uma dada pessoa política pode ter competência administrativa para prestar, por exemplo, dado serviço público. Fazendo-o, porém, por qualquer razão, sem regulamentação administrativa, obstado estará o exercício de sua capacidade tributária ativa, embora não o de sua competência tributária respectiva, já que aquela somente será possível com aquele seu agir fundamentado não ao acaso, mas sim no real exercício de sua competência – repetimos – administrativa.

No caso das taxas, ainda, a *competência tributária residual* – ao contrário do que ocorre com os impostos – pertence aos Estados e ao Distrito Federal, já que são estes que, em âmbito administrativo, podem fazer tudo o que não foi, nesta matéria, deferido à União e aos

116 TAXAS – LIMITES CONSTITUCIONAIS

Municípios. Realmente é o que dispõem os arts. 25, § 1º, e 32, § 1º, da Constituição Federal. Tal se deve ao aspecto anteriormente observado.

Vale dizer, tendo em vista ser a competência administrativa o pressuposto da competência tributária no que se refere aos tributos vinculados, tem-se que os Estados e Distrito Federal, por terem, na área administrativa, a referida competência residual, acabam por ter, por conseqüência, competência tributária residual quanto às taxas.

Deflui desse entendimento que a competência residual atribuída à União Federal somente diz respeito à competência tributária impositiva, ao passo que a competência residual no tocante às taxas pertence aos Estados e ao Distrito Federal, *ex vi* dos referidos dispositivos constitucionais.

Outra questão pertinente à sujeição ativa das taxas diz respeito aos *convênios* que podem ser celebrados entre as diversas pessoas políticas existentes (União, Estados, Distrito Federal e Municípios) com o fim de transferir, por qualquer motivo, a execução material da respectiva atuação estatal, seja de prestação de serviço público, seja de exercício do poder de polícia.

A exemplo das demais existentes, a competência administrativa é indelegável. Dessa forma, ainda que os referidos convênios sejam celebrados, será considerada juridicamente competente para a referida atuação aquela pessoa política que tenha recebido tal encargo, de forma originária, da Carta Maior, de modo que a competência tributária respectiva será determinada pela competência administrativa então discriminada, e não pela pessoa política que atuou materialmente com base no convênio.

Assim, se uma dada pessoa política atua materialmente sem ter competência administrativa para tanto – o que nem mesmo seria legítimo –, obstada estará de remunerar-se por meio de taxa, já que a competência tributária em matéria deste tributo, como estudamos, decorre da respectiva competência administrativa – no nosso exemplo, inexistente.

Nesse caso, ainda, nem mesmo a pessoa política juridicamente competente poderá, mesmo que por meio de lei tributária, remunerar-se por taxa, já que não atuou materialmente – ressalvada a existência de *convênio* com a referida pessoa política que realizou materialmente a mencionada atuação. É que por meio de convênio a execução material da atuação estatal por outra pessoa política, neste caso legitimamente, será atribuída, como de direito, àquela pessoa política constitucionalmente competente para a execução do agir estatal, que terá a faculdade, nesse momento, de instituir a taxa que lhe for correspondente.

LIMITES DETERMINADOS POR SUA "REGRA-MATRIZ"   117

Por fim, ainda quanto às taxas, nada obsta a que haja a delegação da respectiva capacidade tributária ativa (aptidão para arrecadar o tributo) a terceira pessoa, diferente daquela que é competente para a instituição do referido tributo,[129] desde que a transferência da exigibilidade da obrigação tributária resulte de lei desta última.

Seguindo-se as lições de Roque Carrazza: "(...) nada impede que pessoa diversa daquela que criou o tributo venha, afinal, desde que autorizada por lei, a arrecadá-lo".[130]

Trata-se da figura da *parafiscalidade*, enquanto a "atribuição, mediante lei, da capacidade tributária ativa que a pessoa política faz a outra pessoa (pública ou privada), que, por vontade desta mesma lei, passa a dispor do produto arrecadado, para a consecução de suas finalidades".[131]

3.2 Sujeito passivo possível

Esta outra limitação quanto à tributação por meio de taxas – decorrente, da mesma forma, da regra-matriz constitucional deste tributo – diz respeito, por sua vez, agora, ao titular da respectiva capacidade tributária *passiva*, vale dizer, da capacidade de figurar no pólo passivo dessa relação jurídica tributária que tenha a taxa como objeto, na condição de devedor do referido tributo.

O sujeito passivo de uma obrigação tributária é, pois, o devedor do tributo, vale dizer, aquele sobre o qual recai sua exigibilidade, com a conseqüente redução de seu patrimônio, em prol do sujeito ativo.[132]

129. Nesse sentido, também, Márcio Severo Marques assevera: "Assim, o titular da competência administrativa para o exercício do respectivo serviço ou atividade será o mesmo competente para instituir, em contraprestação, as taxas que lhe forem correlatas, figurando no pólo ativo da relação jurídica que as tiver por objeto, ou nomeando – por lei – terceiro, para assumir essa posição (parafiscalidade)" (*Classificação Constitucional dos Tributos*, p. 171).
130. *Curso* ..., 19ª ed., p. 211.
131. Cf. Roque Carrazza, idem, ibidem, nota 44.
132. Nesse sentido, L. Rodrigues de Almeida afirma: "O sujeito passivo da obrigação tributária é a pessoa sobre quem recai o dever de realizá-la, ou, por outras palavras, toda pessoa obrigada a cumprir a obrigação tributária é sujeito passivo dessa obrigação" (*Introdução* ..., p. 97). Da mesma forma, para Gian Antonio Micheli: "La norma impositiva hemos visto que debe indicar a cargo de quién debe ser efectuado un determinado ingreso tributario sobre el que recae la responsabilidad patrimonial del eventual pago del tributo o de sufrir la ejecución forzosa en caso de falta de cumplimiento voluntario" (*Curso de Derecho Tributario*, p. 185).

118 TAXAS – LIMITES CONSTITUCIONAIS

É apontado já na regra-matriz tributária, constitucionalmente prevista (no caso das taxas, o art. 145, II), como sujeito passivo possível de uma dada modalidade de tributo, não podendo esse arquétipo, constitucionalmente desenhado, passar alheio à função legislativa das pessoas políticas criadoras de tributo,[133] com a finalidade de tornar mais fácil ou aumentar a arrecadação tributária. Realmente, guiando-nos, também, pelas lições de Geraldo Ataliba, não há qualquer discrição do legislador na designação do sujeito passivo.[134]

Segundo lições desse autor, sempre nesse rumo, o sujeito passivo da obrigação tributária deve ser a pessoa designada constitucionalmente como tal, obstando, portanto, à sua inobservância pelo legislador infraconstitucional, pois, afinal, se estaria – utilizando-se da categorização de Héctor Villegas – diante de seu "destinatário constitucional tributário".[135]

Os sujeitos passivos tributários estão, realmente – segundo o mesmo autor –, implícitos no Texto Maior, decorrendo sua análise ora de uma expressa "dicção" das materialidades previstas, ora por meio de uma indicação sistemática, confirmada pelos princípios da retributividade (art. 145, II) e da proporcionalidade, no que tange às taxas e contribuições, além do princípio da capacidade contributiva (art. 145, § 1ª), no que se refere aos impostos, de forma a só poderem ser caracterizados como sujeitos passivos aqueles constitucionalmente destinados.[136]

Quanto à sua origem constitucional, também, Renato Lopes Becho, para quem: "Pela própria declaração dos pressupostos de nosso trabalho, já ficou evidente que comungamos com a doutrina que vê na Constituição Federal os dados para se extrair cientificamente o sujeito passivo".[137]

No caso da taxa, portanto, por ser um tributo que tem como materialidade de sua hipótese de incidência uma atuação estatal – seja a prestação ou disponibilização de um serviço público específico e divisível, seja o exercício do poder de polícia – sempre diretamente referida a alguém, somente esta pessoa, alcançada pelo agir estatal, conforme os referidos contornos essenciais da materialidade de sua hipótese de

133. Cf. Roque Carrazza, *Curso* ..., 19ª ed., pp. 448-449.
134. *Hipótese* ..., 6ª ed., 4ª tir., p. 80.
135. Geraldo Ataliba, idem, ibidem.
136. Idem, 81.
137. *Sujeição* ..., p. 77.

LIMITES DETERMINADOS POR SUA "REGRA-MATRIZ" 119

incidência, poderá figurar, num primeiro pensamento, como seu respectivo sujeito passivo, tendo seu patrimônio reduzido.

Portanto, por decorrência da regra-matriz dessa modalidade tributária, em conexão com o princípio informador desta tributação (retributividade), serão seus possíveis sujeitos passivos aqueles atingidos diretamente pelas referidas atuações estatais. Vale dizer, serão aqueles que possuírem ligação direta com estas: os que se utilizarem dos citados serviços ou os tiverem, quanto a alguns, à sua disposição, ou que tenham, ainda, em razão de sua atividade, provocado o exercício do poder de polícia, e que devem, portanto, ressarcir o Estado pelas respectivas despesas efetuadas.

Em outras palavras, o sujeito passivo dessa modalidade tributária será aquela pessoa que requer, provoca ou, de alguma forma, relaciona-se com a atuação estatal, seja um serviço público, sempre específico e divisível, ainda que, sob certas situações, à sua disposição (apenas nos casos de taxa de serviço), seja o exercício do poder de polícia.

Trata-se, como vimos, do sujeito passivo constitucionalmente definido, decorrente da regra-matriz tributária referente à taxa. Diz respeito, assim, à limitação imposta pela própria Constituição Federal, de forma a conduzir, como vimos, a produção legislativa criadora de tributos – no nosso caso, *taxa*.

Ao se indagar sobre a sujeição passiva em matéria tributária, o norte a ser verificado, colocado como respectivo ponto de apoio, haverá de ser, sempre, a Constituição Federal, em especial por meio de sua regra-matriz de instituição de tributos.

Eis, portanto, a limitação constitucional acerca da sujeição passiva da modalidade tributária ora colocada como objeto de estudo – *taxa*: seu sujeito passivo é o referido "destinatário constitucional tributário".

Não podemos, entretanto, a par de tudo o que até então mencionamos, encerrar neste momento o presente tópico – ou seja, nossa análise da sujeição passiva tributária –, em especial no que diz respeito às taxas.

Como já dissemos, o sujeito passivo possível, constitucionalmente desenhado – ou seja, o destinatário constitucional tributário –, será dessa forma diretamente efetivado apenas num primeiro pensamento, e isso, frisamos, sem que estejamos negando tudo o que a esse respeito já dissemos.

Tentemos explicitar este nosso novo raciocínio, ressaltando que, pela natureza do tema deste trabalho, estaremos apenas a indicar a referida situação, como extensão da limitação à tributação por meio de

120 TAXAS – LIMITES CONSTITUCIONAIS

taxas, no que diz respeito à sua sujeição passiva, sem, contudo, nos aprofundarmos no estudo das figuras jurídicas então decorrentes, que serão apenas mencionadas.

Pois bem, a situação até este momento delineada não se altera no caso de a sujeição passiva do tributo – no nosso caso, *taxa* – ser atribuída, deslocada, por lei, a terceira pessoa distinta do direto destinatário constitucional tributário, quando a este e ao fato imponível, na forma que veremos, estiver relacionada.

A razão de *não* se estar, agora, negando a limitação constitucionalmente imposta pela regra-matriz quando da eleição do sujeito passivo da taxa (seu destinatário constitucional) – mas, ao contrário, de se estar realizando sua própria confirmação – pode ser verificada pelo fato de que nesse novo caso não se estará atribuindo a sujeição passiva, ou seja, o dever de pagar tributo, *aleatoriamente* e a *alguém sem relação com o fato imponível*, mas sim, antes de tudo, sempre por meio de lei, por razões preestabelecidas e a alguém que, embora indiretamente relacionado àquele fato, possua com o destinatário constitucional tributário uma relação, por sua vez, direta.[138]

Coube ao Código Tributário Nacional, como norma geral em matéria tributária, explicitar essa sistemática. Àquele diretamente relacionado ao fato imponível – e somente a este – atribuiu a qualidade de contribuinte, como *sujeito passivo direto* (expresso no Texto Maior). Àquele indiretamente relacionado ao fato imponível (porém, sempre diretamente relacionado ao contribuinte) atribuiu a qualidade de responsável, com *status*, neste caso, também de sujeito passivo, porém, *indireto*.

Realmente, dispõe o seu art. 121:

138. São palavras de Roque Carrazza:
"Amiúde, como se sabe, por motivo de expediência administrativa, *mas sempre com base em lei*, os tributos vêm arrecadados, pelo menos num primeiro momento, de terceiras pessoas, juridicamente relacionadas com os contribuintes. Estas terceiras pessoas são os *sujeitos passivos indiretos*, também chamados de *responsáveis tributários*.

"O legislador utiliza-se deste caminho para evitar a fraude e a sonegação e facilitar a ação fiscalizatória do Estado. De fato, o Poder Público tem sentido a necessidade de arrecadar os *tributos* de terceiros, que não os contribuintes, por uma série de fatores. Dentre eles, merecem destaque a impossibilidade prática de, em muitos casos (produtores agropecuários, pequenos bares, artesãos, empregados etc.), atingir-se diretamente o contribuinte (o realizador do *fato imponível*) e a imprescindibilidade de maior eficiência na arrecadação" ("Prefácio" da obra de Renato Lopes Becho, *Sujeição* ..., pp. 8-9 – grifos do original).

LIMITES DETERMINADOS POR SUA "REGRA-MATRIZ" 121

"Art. 121. Sujeito passivo da obrigação principal é a pessoa obrigada ao pagamento de tributo ou penalidade pecuniária.

"Parágrafo único: O sujeito passivo da obrigação principal diz-se: "I – contribuinte, quando tenha relação pessoal e direta com a situação que constitua o respectivo fato gerador; "II – responsável, quando, sem revestir a condição de contribuinte, sua obrigação decorra de disposição expressa de lei."[139]

Essa qualidade de responsável tributário, por sua vez, foi imputada, conforme o referido diploma legal (arts. 128 e ss.), apenas àquelas pessoas vinculadas ao legítimo contribuinte e, por via oblíqua, ao fato imponível[140] – ou seja, segundo Geraldo Ataliba (fazendo referência a obra sua, passada), somente a pessoas "que – pela proximidade material com os elementos fáticos determinantes da incidência – possam adequadamente conhecer os contornos e características dos fatos produtores das relações jurídicas (em que se envolvem) (...). Neste restrito quadro fático, necessariamente, terão controle sobre os dados objetivos contidos no fato acontecido; conhecerão as notas subjetivas eventualmente influentes da obrigação de que são titulares passivos; poderão, eficazmente, exercer as faculdades regressivas implicadas no regime. Terão, enfim, adequadas condições de exercer todos os direitos subjetivos que, no campo da tributação – atividade rigidamente vinculada –, são constitucionalmente reconhecidos aos que devem pagar tributos, seja a título próprio, seja por conta de terceiros".[141]

139. Aliás, não há dúvidas de que este dispositivo legal, na redação que lhe foi dada, refere-se a qualquer modalidade de tributo, conforme, também, Renato Lopes Becho (*Sujeição* ..., p. 139).
140. Para Rubens Gomes de Sousa a figura do responsável tributário prevista no Código Tributário Nacional abrange as demais hipóteses de sujeição passiva indireta, vale dizer: (1) transferência (passagem da sujeição passiva para outra pessoa, por fato posterior ao nascimento do tributo): (a) por solidariedade: quando duas ou mais pessoas são coobrigadas ao pagamento do mesmo; (b) por sucessão: quando o primitivo devedor desaparece, deixando quem lhe faça juridicamente as vezes; e (c) por responsabilidade legal (*stricto sensu*): quando a lei responsabiliza outra pessoa pelo pagamento de tributo, não pago pelo sujeito passivo direto; (2) substituição: quando, por lei, a obrigação tributária surge, com o fato imponível, já na pessoa do substituto ("Sujeito passivo das taxas: responsabilidade por transferência e substituição", *RDP* 16/347).
Comentando acerca dessa afirmação, José Souto Maior Borges assim se pronuncia: "Essa unificação terminológica procedida pelo Código Tributário Nacional não impede, contudo, que na descrição das suas normas que versam sobre a sujeição tributária passiva a doutrina se utilize analiticamente dessas categorias, tradicionalmente diversificadas entre si" (*Lançamento Tributário*, 2ª ed., p. 155).
141. *Hipótese* ..., 6ª ed., 4ª tir., p. 92.

122 TAXAS – LIMITES CONSTITUCIONAIS

Tal se dá, assim, sem que haja inobservância da Constituição, mas, antes, a própria garantia de que será efetivada. Realmente, para Bernardo Ribeiro de Moraes: "Somente a pessoa que está em ligação com a atividade estatal que deu origem ao tributo é que pode ser o contribuinte da taxa. Mesmo nos casos de sucessão, de obrigação por dívida alheia, de fiança ou de responsável pelo tributo, o contribuinte não é pessoa diferente do contribuinte de direito, pois aquelas pessoas agem por representação do real sujeito passivo tributário".[142]

Concordamos, portanto, com o referido autor no sentido de que, mesmo havendo a previsão do sujeito passivo indireto quando da instituição de uma taxa, ainda assim a presença do contribuinte (sujeito passivo direto) não se mostra ausente, já que esse é que se apresenta como alvo do fato imponível, de forma diretamente referida, tendo a lei *apenas* eleito outra pessoa para fins de *representá-lo* somente como cumpridor da obrigação de pagar tributo.[143]

Daí não considerarmos violados os desígnios constitucionais, ou seja, a regra-matriz da taxa. O destinatário constitucional tributário continua sendo o realizador do fato imponível. Com ele é que se perfaz a obrigação tributária. Apenas o pagamento do tributo é que depende, por razões legais, de sua efetivação por terceira pessoa indiretamente relacionada ao fato imponível, porém sempre em nome daquele que está sendo representado.

Discorrendo acerca desse contexto, manifestou-se L. Rodrigues de Almeida no sentido de que: "O mesmo sucede também na responsabilidade tributária: o contribuinte é o devedor principal e originário do tributo mas o responsável fiscal é chamado a pagar o tributo por, em relação ao contribuinte, se ter verificado a impossibilidade do sujeito activo obrigar ao cumprimento da prestação por falta ou insuficiência de património do devedor".[144]

Por tal razão, Geraldo Ataliba, novamente, trazendo pensamento de obra sua, passada, afirmou que, no que tange à sujeição passiva indireta:

142. *A Taxa no Sistema Tributário Brasileiro*, p. 75.
143. Conforme, também, Zelmo Denari: "(...) se o fato gerador da taxa, nos exatos termos do mesmo art. 77, é uma atuação estatal consistente no exercício regular do poder de polícia, devemos considerar que o contribuinte dessa modalidade é aquele que deu causa à atuação fiscalizadora da Administração Pública" ("Sujeito passivo das taxas", *Cadernos de Direito Tributário e Finanças Públicas* 7/37).
144. *Introdução* ..., p. 98.

LIMITES DETERMINADOS POR SUA "REGRA-MATRIZ"   123

"a) a obrigação é estruturada tendo em consideração as características objetivas do fato imponível implementado pelo contribuinte. O responsável, na verdade, não realiza o fato relevante para determinar o surgimento da obrigação – tão-só é posto, pela lei, no dever de prover o recolhimento de tributo decorrente de fato *provocado* ou *produzido* por outrem;

"b) os elementos subjetivos que eventualmente concorram na realização do fato, ou na formação da obrigação, são estabelecidos em consideração à pessoa do contribuinte (e não à pessoa do responsável ou substituto). Assim, *v.g.*, os casos de isenções ou imunidades subjetivas, gradações pessoais do imposto de renda na fonte etc.;

"c) a carga do tributo não pode – e não deve – ser suportada pelo terceiro responsável. Por isso é rigorosamente imperioso que lhe seja objetivamente assegurado o direito de haver (percepção) ou descontar (retenção), do contribuinte, o *quantum* do tributo que deverá pagar por conta daquele."[145]

Assim se expressa, também, Rubens Gomes de Sousa, para quem: "(...) resta chamar a atenção para o fato de que o responsável, nos termos do art. 121 do Código Tributário Nacional, á assim chamado apenas porque responde por obrigação alheia. Essa obrigação é do contribuinte, mas tanto este como o responsável são, perante o Fisco, sujeitos passivos".[146]

O sujeito passivo constitucional (contribuinte) é efetivado com a ocorrência do fato imponível. Por razões legais, apenas, será representado por terceira pessoa, assumindo esta, de forma legítima, dentro de um restrito âmbito de aplicação, as obrigações tributárias daquele, a qual, para o Direito, deve ressarcir o Estado, pelas despesas com sua atuação.

Trata-se, portanto, de imposição do próprio princípio da retributividade (equivalência), como forma efetiva da isonomia tributária no que tange a essa modalidade de tributo vinculado a uma atuação estatal: quem provoca o custo da despesa pública deve arcar com seu pagamento, ainda que sua efetivação somente possa ocorrer por meio de seu legítimo representante legal.

A referibilidade direta presente nas taxas, na relação materialidade/pessoa (contribuinte), não obsta, pois, a que sejam elas cobradas de

145. *Hipótese* ..., 6ª ed., 4ª tir., p. 91 (grifos do original).
146. "Sujeito passivo ...", *RDP* 16/348.

124 TAXAS – LIMITES CONSTITUCIONAIS

outra pessoa (aquela legalmente responsável). Aliás, relembramos –
agora com base nas lições de Rubens Gomes de Sousa – que a cobrança do tributo, como etapa final do processo arrecadatório, ocorre necessariamente após a formação da obrigação, momento em que a natureza jurídica do tributo já terá sido determinada pela ocorrência da materialidade, diretamente relacionada a alguém.[147]

Longe de descaracterizar a natureza do tributo *taxa*,[148] é uma forma – não custa repetir –, de se prestigiar o próprio princípio da retributividade, pelo qual aquele diretamente atingido pela atuação estatal coloca-se no dever de remunerar o Estado por meio do pagamento de
taxa, ainda que assim o faça de forma indireta, por meio de alguém
determinado que, por razões legais, venha a representá-lo, como forma, até mesmo, também, de viabilizar o cumprimento da própria obrigação tributária, realizando, assim, os anseios constitucionais.

Em suma, o legislador tributário deverá, em prol da Constituição
– nas palavras de Roque Carrazza –, "obedecer a uma regra básica: só
poderá onerar quem, de algum modo, *[direto/contribuinte ou indireto/
responsável]* participou da ocorrência do *fato típico*. Não pode fazer
recair a carga tributária sobre pessoa completamente desvinculada do
fato gravado pela incidência fiscal".[149]

4. Limites quanto à sua base de cálculo

4.1 Necessidade de "correlação lógica" com sua hipótese de incidência

Outra limitação constitucional, decorrente da regra-matriz das taxas, diz respeito à sua base de cálculo. Esta, como já tivemos a opor-
tunidade de esboçar, foi estabelecida de forma oblíqua pelo Texto
Maior, decorrendo essa base de sua necessária vinculação à materiali-

147. Realmente, para o autor: "(...) a distinção formal entre taxa e imposto
situa-se nesse momento, caracterizado pelo fato gerador e, portanto, já ultrapassa-
do no momento ulterior do pagamento" (Rubens Gomes de Sousa, "Sujeito passivo ...", *RDP* 16/352).

148. Conforme afirma Rubens Gomes de Sousa: "(...) fica claro, também, que
quando essa espécie seja taxa a lei tributária pode definir como sujeito passivo,
indiferentemente, o contribuinte ou o responsável, sem que por isso o tributo seja
descaracterizado e perca a natureza jurídica que lhe é própria" ("Sujeito passivo
...", *RDP* 16/351).

149. "Prefácio" da obra de Renato Lopes Becho, *Sujeição ...*, p. 10 (grifos do
original – esclarecemos).

LIMITES DETERMINADOS POR SUA "REGRA-MATRIZ"

dade da hipótese de incidência que estiver quantificando, já que se trata de medida sua.

Pois bem – indo agora mais diretamente ao ponto –, sendo a base de cálculo, pelo atual sistema constitucional tributário, uma *perspectiva dimensível* do aspecto material da hipótese de incidência de um tributo[150] e, ainda, residindo na *retributividade* o princípio informador das taxas, o *custo* dessa respectiva atuação estatal mostra-se como a única base de cálculo possível e legítima da espécie tributária *taxa*, já que sua materialidade, objeto a ser dimensionado, só pode consistir numa atuação estatal referida a alguém.[151]

Assim, a base de cálculo da taxa será uma dimensão do agir, imediatamente referido ao administrado, que o Estado venha a realizar – vale dizer, uma grandeza da própria atividade estatal.[152] Tal grandeza equivale a quanto o Estado gastou na realização de uma dada atividade. O tributo acaba por se proporcionalizar com a atuação estatal.

Confirmando esse pensamento, Juan Martín Queralt e outros assinalam que: "(...) es necesario que la base guarde congruencia con el hecho, definiéndose por la ley de manera que sea efectivamente medición de éste, y no expresión de otra magnitud diferente que alteraría la estructura y el diseño del sistema tributario, al imponerse la prestación sobre conceptos distintos a los seleccionados como hechos imponibles".[153]

Nessa esteira de raciocínio, também, elucidativas são as lições de Aires Barreto, para quem:

150. Acerca da base de cálculo, também nesse sentido, Eusebio González e Ernesto Lejeune asseguram: "Podemos definirla como aquella magnitud susceptible de una expresión cuantitativa, fijada por la ley, que mide alguna dimensión económica del hecho imponible y que debe aplicarse a cada caso concreto, según los procedimientos legalmente establecidos, a los efectos de la liquidación del tributo" (*Derecho Tributario I*, p. 268).

151. Para Saldanha Sanches: "(...) estabelecendo uma relação entre custo do serviço e quantia a cobrar, cria desta forma um limite ao poder de conformação do legislador" (*Manual de Direito Fiscal*, p. 21).

152. Conforme, também, Eduardo Bottallo: "(...) sendo ponto identificador inafastável da hipótese de incidência (ou fato gerador em sentido abstrato) das taxas uma atuação estatal referida diretamente ao contribuinte, então a sua base imponível deve corresponder a uma dimensão desta própria atividade (...)" ("Taxa de licença (Taxa municipal de renovação de licença e funcionamento de estabelecimentos comerciais e industriais – Requisitos para sua instituição e cobrança)", *RDTributário* 52/187).

153. *Derecho Tributario*, pp. 142-143.

126 TAXAS – LIMITES CONSTITUCIONAIS

"Envolvendo a própria consistência da hipótese de incidência, haveria de o aspecto material abrigar o caráter essencial dessa substância: a possibilidade de mensuração, de transformação em uma expressão numérica. É no aspecto material da hipótese de incidência que, por seus atributos, encontramos a suscetibilidade de apreciação e dimensionamento, com vista à estipulação do objeto da prestação. Aos atributos dimensíveis do aspecto material da hipótese de incidência designa-se base de cálculo (...).

"Sendo a hipótese de incidência tributária a descrição hipotética de um fato, a base de cálculo, como atributo seu, só poderá ter, igualmente, caráter normativo, tão hipotético quanto a própria hipótese de incidência em que se contém. Se o todo é hipotético, igual natureza terão os atributos respectivos. (...).

"Base de cálculo quer dizer 'fundamento para calcular', 'apoio para contar', 'estimar' ou 'avaliar'. Exprime o critério para a realização de uma operação, ou de combinação destas, sobre números. Equivale a dizer: expressa o padrão para medir, por comparação, grandezas da mesma espécie. (...).

"Base de cálculo é a definição legal da unidade de medida, constitutiva do padrão de referência a ser observado na quantificação financeira dos fatos tributários. Consiste em critério abstrato para medir os fatos tributários que, conjugado à alíquota, permite obter a dívida tributária."[154]

Geraldo Ataliba, tratando da base de cálculo, porém sob diversa terminologia – para ele, *base imponível* –, permite-nos solidificar essa idéia de quantificação da hipótese de incidência de um tributo quando explica:

"A base imponível é ínsita à hipótese de incidência. É atributo essencial, que, por isso, não deixa de existir em nenhum caso. (...)

"(...) a base imponível é um atributo do aspecto material da h.i., dimensível de algum modo: é o conceito de peso, volume, comprimento, largura, altura, valor, preço, custo, perímetro, capacidade, superfície, grossura ou qualquer outro atributo de tamanho ou grandeza mensuráveis do próprio aspecto material da h.i.".[155]

Assim, uma vez verificada, no mundo fenomênico, a atuação estatal consistente na prestação, efetiva ou potencial, de um serviço pú-

154. *Base de Cálculo, Alíquota e Princípios Constitucionais*, 2ª ed., pp. 50-53.
155. *Hipótese ...*, 6ª ed., 4ª tir., pp. 108-109.

LIMITES DETERMINADOS POR SUA "REGRA-MATRIZ" 127

blico específico e divisível, ou em um *efetivo* exercício do poder de polícia, nasce ao contribuinte alcançado o dever de retribuir, com as respectivas taxas, pecuniariamente, ao Estado, os custos desses seus serviços prestados[156] ou de suas diligências quando da efetivação de seu poder de polícia.

É uma forma de se realizarem, por conseguinte, com essa repartição de custos, os próprios reclamos do princípio da igualdade, na medida em que todos os usuários dos serviços acabam ressarcindo o Estado na proporção da intensidade de seu uso.

Tais custos são, por assim dizer, o limite para a apuração do *quantum debeatur* das taxas de serviço ou de polícia, decorrendo, desta feita, a satisfação, por este princípio informador das taxas – qual seja, o da retributividade –, da própria segurança jurídica das pessoas sujeitas a tal tributação.

Dessa forma, evita-se que o Estado, como prestador de um serviço ou executor efetivo de um poder de polícia, tenda a uma cobrança indeterminada de taxa, seja quanto ao seu valor, seja quanto ao seu destinatário. Ou, ainda, de forma a se evitar que haja uma tributação por meio de taxa sem que tenha havido uma determinada atuação estatal – excetuando-se, logicamente, aquele caso da taxa de serviço fruível, quando a base de cálculo levará em conta o custo da própria disponibilização do serviço público.[157]

Se não houve correspondência entre a base de cálculo e o custo da atuação estatal ou, ainda, se não houve especificidade em relação ao administrado atingido – ou seja, referibilidade direta a este –, não há falar em tributação válida por meio de taxa.[158]

156. Neste sentido Fernando Pérez Royo, segundo o qual: "Dentro de este ámbito la tasa aparece como el instrumento tributario adecuado para la financiación del coste corriente de los servicios públicos de carácter divisible, es decir, con beneficiarios o usuarios directos, identificables caso por caso" (*Derecho Financiero y Tributario – Parte General*, 9ª ed., pp. 112-113).

157. Conforme Márcio Severo Marques: "(...) sendo esse serviço apenas potencial, então essa base de cálculo deverá medir o custo para que esse serviço permaneça à disposição do contribuinte (...)" (*Classificação ...*, p. 172, nota 228).

158. Neste sentido, ainda, Eduardo Bottallo: "(...) a adequada configuração jurídica da taxa, enquanto espécie tributária, está visceralmente associada à conceituação de sua base imponível: se esta não se restringir em medir a atuação do Estado (pressuposto fundamental para sua cobrança), mas sim adotar um critério de dimensionamento que diga respeito a qualidades ou atributos do contribuinte, ficará irremediavelmente comprometida perante a Constituição Federal (art. 145, § 2º) (...)" ("Taxa de licença ...", *RDTributário* 52/188). O autor, nesse contexto, mais

128 TAXAS – LIMITES CONSTITUCIONAIS

O mesmo se diga para o caso de não se verificar a própria atuação estatal prevista na lei administrativa. Primeiro por não ter havido a materialização da própria hipótese de incidência tributária desta modalidade de tributo. Depois pelo fato de, neste caso, nada haver a ser retribuído ao Estado, sendo inconstitucional, portanto, qualquer tributação que seja nesses termos levada a cabo pela Administração.

Retomando mais especificamente nossa linha de raciocínio, dissemos que a base de cálculo da modalidade tributária *taxa* é o custo da atuação estatal, uma vez que é sua função dimensionar a materialidade da hipótese de incidência de um tributo, que – no caso da taxa – será um agir estatal consistente ou na prestação de um dado serviço público específico e divisível, ou no efetivo exercício do poder de polícia.

O atual sistema constitucional tributário, contudo, não exige para a base de cálculo da taxa – o que seria impossível – uma *exata* proporção ao referido custo, matematicamente precisa; ou – nas palavras de Roque Carrazza – uma dosagem milimétrica.[159] Realmente, não.[160] Todavia, exige-se que haja ao menos uma *razoabilidade* quantitativa entre essa base de cálculo e a atuação estatal, de forma a caracterizar uma certa correlação lógica entre ambas.

Isto nos permite afirmar ser possível, para validar uma tributação por meio de taxa, realmente, que exista ao menos uma proximidade entre ambas, vale dizer, uma certa proporcionalidade entre o montante cobrado e o gasto/custo do Estado com sua respectiva atuação (prestação de serviço público ou exercício do poder de polícia), o que pode ser aferível, em caso de haver divergências, pelo Poder Judiciário.

Não cumpre, ainda, às taxas unicamente – ao contrário do que ocorre com os impostos – o abastecimento dos cofres públicos. Pelo contrário, já que, como vimos, o princípio informador das taxas é o da retributividade.

Desta feita, as taxas têm como limite, constitucionalmente estabelecido, o custeio de um dado agir estatal, ou seja, a remuneração pela

uma vez: "Ora, a adoção do volume de produtos importados como elemento dimensionador da base imponível da taxa equivale à sua manifesta descaracterização" (Taxa de polícia – Descaracterização por violação ao princípio da legalidade e pela inadequação de sua base imponível: um caso concreto", *RDTributário* 64/176).

159. *Curso* ..., 19ª ed., p. 489.

160. Será necessária "uma prudente, razoável e discreta proporcionalidade entre ambos os termos" (cf. Héctor B. Villegas, "Verdades e ficções ...", *RDP* 17/336).

LIMITES DETERMINADOS POR SUA "REGRA-MATRIZ"

atuação estatal de prestar um serviço público específico e divisível ou exercer efetivamente o poder de polícia – daí não ser possível o custeio, por taxas, de serviços e atos de polícia não diretamente referidos ao contribuinte, ou que a ele não estejam disponibilizados, como ocorrente em alguns serviços públicos.[161]

Nesse contexto, ainda, da mesma forma que não poderá superar, para fins de tributação por meio de taxa, os custos da respectiva atuação estatal, seja de prestação de serviços públicos, seja de diligências administrativas (referentes ao poder de polícia), não poderá o Estado manejá-los arbitrariamente, com o intuito de apenas incrementar suas receitas.[162]

Será, portanto, a nosso sentir, inconstitucional, por desvirtuamento de sua base de cálculo, uma taxa que seja cobrada sem que haja certa equivalência entre o *gasto* do Poder Público e o *valor* dessa taxa; vale dizer, afrontará nossa Carta Maior a taxa que superar o custo da atuação estatal que a desencadeou, além de poder assumir uma feição também confiscatória, em mais um desacato à Constituição Federal (art. 150, IV[163]).

Assim, quando da instituição de uma taxa, seja de serviço ou de polícia, a respectiva lei deve tomar como base de cálculo uma proporcionalidade com o custo dos respectivos serviços ou das diligências necessárias ao exercício do respectivo poder de polícia.

Vale dizer, a quantificação de uma taxa, por meio de sua base de cálculo, terá como parâmetros as despesas, o custo, ainda que aproximado, da respectiva atuação estatal resultante na prestação de um serviço público, específico e divisível, ou na edição e efetivação dos respectivos atos de polícia. Mister se farão a mensuração e a remuneração daquele agir proporcionado pelo Estado, no próprio interesse da coletividade, que, já vimos, estará, nesse contexto, sob o império da segurança jurídica.

A Geraldo Ataliba, neste ensejo, não faltou clareza de pensamento:

"As taxas de polícia cabem para cobrir os custos administrativos com o exercício do poder de polícia diretamente referido a certas pessoas que o provocam, ou o exigem, em razão de sua atividade. (...).

161. Cf. Roque Carrazza, *Curso* ..., 19ª ed., p. 486.

162. Idem, ibidem.

163. "Art. 150. Sem prejuízo de outras garantias asseguradas ao contribuinte, é vedado à União, aos Estados, ao Distrito Federal e aos Municípios: (...); IV – utilizar tributo com efeito de confisco; (...)."

130   TAXAS – LIMITES CONSTITUCIONAIS

"Com base na lei, a Administração Pública licencia, permite, autoriza, fiscaliza e controla as atividades privadas. Os custos desse controle e fiscalização são remunerados pelos interessados cujas atividades o exigem, mediante taxas chamadas 'de polícia'."[164]

Aplicando-se, ainda, as lições de Roque Carrazza, mais acima expostas, para podermos confirmar a natureza jurídica de um tributo como sendo realmente uma taxa, sua base de cálculo haverá de ser, também, *uma base de cálculo típica de uma taxa*, mensurando uma daquelas atuações estatais previstas na regra-matriz que lhe é respectiva, passíveis de figurarem na materialidade de uma norma que venha a instituir o referido tributo.[165]

4.2 Vedação de utilização de base de cálculo própria de impostos

Ainda dentro dos limites quanto à base de cálculo das taxas, temos a vedação de utilização, para os referidos tributos, de base de cálculo própria de impostos. Embora a vedação de utilização de base de cálculo própria a outro tributo seja uma característica geral que decorre de nosso próprio sistema constitucional tributário – vale dizer, revela-se como pressuposto da atividade tributante estatal –, enfrentaremos a referida análise como sendo um reforço especial,[166] um *plus*, integrante de sua própria regra-matriz, *ex vi* da referência expressa e específica contida no art. 145, § 2º, do Texto Maior: "§ 2º. As taxas não poderão ter base de cálculo própria de impostos".

Não precisava nem mesmo estar escrita, tendo em vista ser do próprio sistema essa referida proibição.[167] Entretanto, resolveu o legisla-

164. *Hipótese* ..., 6ª ed., 4ª tir., p. 157.

165. Em oportuna consideração acerca da necessidade de observarmos essa relação de inerência entre a hipótese de incidência da taxa com sua respectiva base de cálculo, Sacha Calmon acaba por nos oferecer exemplo realmente elucidativo: "Uma taxa de fiscalização de arroz para prover, desde a sua comercialização, a sanidade do cereal em prol dos consumidores (serviço do poder de polícia) que tiver por base de cálculo o valor de mercado do arroz fiscalizado, e não o trabalho fiscalizatório *ainda que estimado*, será um imposto sobre circulação de mercadorias, no caso, o arroz" ("Comentários ao Código Tributário Nacional/Obrigação tributária", in Carlos Valder do Nascimento (coord.), *Comentários ao Código Tributário Nacional*, 2ª tir., p. 273 – grifos do original).

166. Para Roque Carrazza uma mera disposição doutrinária que, didaticamente estabelecida no § 2º do art. 145 da Constituição Federal, afastaria qualquer dúvida quanto à sua aplicação (*Curso* ..., 19ª ed., pp. 485-486).

167. Sobre a impossibilidade de a base de cálculo referir-se senão à materialidade da hipótese de incidência do tributo que lhe é específico, são estas as lições

LIMITES DETERMINADOS POR SUA "REGRA-MATRIZ"   131

dor constitucional, com base no mencionado artigo, confirmar tal idéia, lapidando – poderíamos dizer – o arquétipo genérico desse tributo.

Acabou, então, por reforçar os contornos de sua regra-matriz, tornando expresso o que, de uma certa forma, como já discorremos, era implícito,[168] assumindo o referido dispositivo, repita-se – nas palavras de Roque Carrazza –, um contorno, "na melhor das hipóteses, didático". Daí dedicarmos este item ao trato da questão.

Pois bem, as taxas não podem ter base de cálculo própria de impostos, sem exceção. Quaisquer impostos, quer aqueles passíveis de ser instituídos, quer, ainda, os já existentes.[169] Realmente, sendo a base de cálculo de um tributo uma quantificação da materialidade de sua hipótese de incidência – vale dizer, sua perspectiva dimensível –, só poderá ser, no caso da taxa, por tratar-se de tributo vinculado a uma dada ação estatal, uma quantificação, uma medida dessa atuação, seja de prestação de serviço público específico e divisível ou de exercício de poder de polícia, devendo, desta feita, nas palavras de Paulo de Barros Carvalho, "exibir, forçosamente, a medida da intensidade da participação do Estado".[170]

Contrariamente, portanto, aos impostos, tributos não vinculados a uma atuação estatal, cuja base de cálculo quantifica, pois, uma materialidade não consistente num agir do Estado, mas sim num comportamento do contribuinte (particular) ou numa dada situação em que ele se encontre.

Eventual base de cálculo que tenha esses fatos – regidos, aliás, pelo direito privado – como quantificadores de uma determinada previsão de incidência tributária estará quantificando materialidade alheia à tributação por meio de taxas.[171]

de Geraldo Ataliba: "Isto está na própria essência do caráter dos tributos. É decorrência inexorável da própria classificação dos tributos. É elemento, aliás, que dá critério para o *discrímen* entre as entidades tributadas" ("Considerações em torno da teoria jurídica da taxa", *RDP* 9/49 – grifo do original).

168. Buscou o legislador constituinte – segundo Zelmo Denari – "assegurar a tipicidade da base de cálculo das taxas, para que não sejam confundidas com os impostos" (*Curso de Direito Tributário*, 6ª ed., p. 85).

169. De acordo com Gilberto de Ulhôa Canto: "Basta que a base de cálculo adotada seja própria de impostos (quaisquer impostos, mesmo não previstos na partilha de competências impositivas feita pela Constituição)" ("Taxas. Exercício regular de poder de polícia. Base de incidência deve ser compatível com o âmbito da fiscalização que compete ao ente público tributante", *Cadernos de Direito Tributário e Finanças Públicas* 9/135).

170. *Curso de Direito Tributário*, 10ª ed., p. 30.

171. Neste sentido, Valdir de Oliveira Rocha: "Base de cálculo apropriada é aquela que esteja em conformidade com o âmbito de possibilidades decorrentes da

132 TAXAS – LIMITES CONSTITUCIONAIS

A base de cálculo da taxa há de ser específica, restringindo-se a dimensionar a atuação estatal que desencadeou essa modalidade tributária. Se sua base de calculo é típica de imposto, está-se diante de imposto (na verdade, está-se diante de tributo desfigurado), e não de taxa, sendo seu custeio geral, e não específico, como o que esse tributo requer.

Assim, não compartilhamos da idéia de que apenas a exata coincidência de bases de cálculo (entre impostos e taxas) é que resultaria afrontosa à Constituição, já que tal afronta seria verificada pela mera constatação de que a taxa se apropriou de fator típico,[172] fator natural, para o cálculo do imposto. Não seria, desse modo, uma exata coincidência a real exigência constitucional. Bastaria haver a utilização de qualquer elemento pertinente para o cálculo de imposto para que dada taxa restasse desvirtuada.

Essa idéia encontra respaldo na doutrina de Hugo de Brito Machado, para quem: "Na verdade, não é preciso que determinada grandeza *tenha servido para a incidência de impostos*. Nem que tenha servido para o cálculo de um imposto qualquer. Basta que seja própria, vale dizer, seja adequada para o cálculo de impostos. Se a grandeza é própria, ou adequada, para o cálculo de imposto, é porque não é pertinente à atividade estatal, mas à vida do contribuinte. Logo, não tendo pertinência à atividade estatal, que constitui o fato gerador da taxa, não poderá ser sua base de cálculo".[173]

Queremos, com isso, deixar claro que a base de cálculo de uma taxa deve levar em consideração o custo, ainda que aproximado, do agir estatal, da prestação dos serviços públicos específicos e divisíveis ou do custo das diligências para o efetivo exercício do poder de polícia (atos de verificação). Assevera Alfredo A. Becker, no trato das taxas, que: "(...) unicamente o valor do *serviço* estatal ou *coisa* estatal poderá ser tomado como base de cálculo (...)".[174]

As taxas, dessa forma, representam o ressarcimento do valor da atuação estatal a elas correspondentes. Somente podem ser medidas a

Constituição. (...); só estará em conformidade com a Constituição a base de cálculo de taxa que quantifique atividade ou coisa do sujeito ativo; não estará em conformidade com a Constituição base de cálculo de taxa que quantifique atividade ou coisa do contribuinte (...)" (*Determinação do Montante do Tributo, Quantificação, Fixação e Avaliação*, 2ª ed., p. 114).

172. Cf. Célio Armando Janczeski, *Taxas: Doutrina e Jurisprudência*, p. 57.

173. *Curso ...*, 22ª ed., p. 391 (grifos do original).

174. *Teoria Geral do Direito Tributário*, 2ª ed., p. 348 (grifos do original).

LIMITES DETERMINADOS POR SUA "REGRA-MATRIZ" 133

partir dos custos dessa mesma atuação, sob pena de se transformarem – nas palavras de Aliomar Baleeiro – em "falsas taxas".[175]

Ademais, não é demasiado repetirmos que as taxas – como tributos em cuja materialidade de sua hipótese de incidência se encontram fatos regidos pelo direito público (ao contrário dos impostos) – não podem ter como base de cálculo elementos ou índices que quantifiquem ou que se relacionem a fatos regidos pelo direito privado, como a renda, o patrimônio,[176] dentre outros – o que só é dado a impostos.

Assim, as taxas não poderão ter base de cálculo similar à de impostos, seja dos já existentes ou não. Não poderão ter, a bem da verdade, base de cálculo que não lhes seja adequada, apropriada, conforme as peculiaridades dessa modalidade tributária – vale dizer, que não sirva para mensurar a atuação estatal de prestar um serviço público específico e divisível ou de exercer efetivamente o poder de polícia.

Este pensamento vai de encontro, da mesma forma, à doutrina de Misabel Abreu Machado Derzi, segundo a qual: "Taxas que elegem base de cálculo diversa do custo da atuação estatal relativa ao contribuinte (valor do imóvel, do veículo, valor da causa, valor da obra etc.) são impostos disfarçados, em regra instituídos contra as normas da Constituição. (...)".[177]

175. *Limitações Constitucionais ao Poder de Tributar*, 7ª ed., p. 508.

176. Neste ensejo, exemplo de inconstitucionalidade é revelado na *taxa de fiscalização do mercado de valores mobiliários*, instituída pela Lei 7.940, de 20.12.1989, pela qual tem-se como sua materialidade o exercício do poder de polícia legalmente atribuído à Comissão de Valores Mobiliários. Ocorre, entretanto, ter a referida lei estabelecido como base de cálculo desta taxa, ao invés do custo para as respectivas diligências no exercício daquele poder – o que seria correto –, o *patrimônio líquido* das empresas que participam do referido mercado. Ora, a legislação utilizou-se, para fins de determinação da base de cálculo da taxa, de elementos típicos da base de cálculo de impostos, mensuradores de fatos regidos pelo direito privado. Desnaturou a referida taxa de polícia. Nem de taxa e nem de imposto se trata, mas sim de um pseudotributo. Quisesse a União instituir tributo com aquela base de cálculo (patrimônio líquido), deveria tê-lo feito através de imposto, com sua materialidade própria, e ainda assim, neste caso, por meio de lei complementar, no exercício de sua competência tributária residual (art. 154, I, da CF). Buscando uma tributação por meio de taxa, haveria de eleger como base de cálculo dessa modalidade tributária aquela que lhe é própria, ou seja, o custo da respectiva atuação estatal de fiscalização (cf. Roque Carrazza, *Curso ...*, 19ª ed., pp. 485-486, nota 68).

177. In Aliomar Baleeiro, *Direito Tributário Brasileiro*, 11ª ed., atualizada por Misabel Derzi, p. 543.

TAXAS – LIMITES CONSTITUCIONAIS

Com tudo isso queremos afirmar que a regra-matriz constitucional no que diz respeito à base de cálculo das taxas deve ser respeitada, tudo em conformidade com as duas funções que lhe são típicas.

A primeira delas, já vimos, como quantificadora da materialidade da hipótese de incidência que lhe seja respectiva. Assim, no caso da taxa de polícia deverá a base de cálculo quantificar a atuação do Estado em exercer efetivamente seu poder de polícia – o que equivale a dizer que quantificará o custo dessa atuação, através da mensuração dos gastos das diligências que o levaram efetivamente a realizar o ato propriamente de polícia (aquelas conclusões ou resultados já referidos).

Por sua vez, agora no caso da taxa de serviço, sua base de cálculo somente poderá dimensionar o custo do respectivo serviço público específico e divisível ou, em certos casos, de sua disponibilização.

Deve, assim, a base de cálculo da taxa medir essas atuações estatais constantes da norma-padrão de incidência deste tributo, refletindo, ao menos de forma aproximada, sem qualquer referência à condição do administrado, os *custos* seja dos serviços públicos específicos e divisíveis, seja das diligências necessárias ao exercício do poder de polícia. Ou seja, quanto a este, os custos para viabilização da movimentação da máquina estatal quando do desempenho de atos de polícia tendentes a um resultado que atinja de forma direta o administrado. Essas são as bases de cálculo possíveis das taxas, constitucionalmente exigidas.

Não deve haver na base de cálculo da taxa qualquer referência a fatos que não se constituam numa atuação estatal regida pelo regime de direito público – o que equivale a dizer ser vedado às taxas quantificar fatos regidos pelo regime de direito privado, em especial um comportamento do contribuinte (como comerciar, prestar serviços, auferir renda etc.) ou uma situação em que o mesmo se encontre (como ser proprietário de imóvel, automóvel etc.), sob pena de ter-se base de cálculo própria e adequada a impostos, e não adequada e própria a taxas.

Nesta hipótese – de utilização de base de cálculo inadequada – faltar-lhe-ia a necessária relação de inerência com sua materialidade, vale dizer, nexo lógico, correlação lógica, com aquelas atuações estatais passíveis de desencadear tributação por meio de taxas: serviços públicos específicos e divisíveis e exercício efetivo de poder de polícia.

Por fim, a base de cálculo acaba por apresentar uma segunda função, afora aquela de quantificar o fato caracterizador da materialidade da hipótese de incidência tributária. Realmente, à base de cálculo atribuiu-se também função confirmadora de uma dada espécie tributária, obstando sua inadequação a uma cobrança tributária de forma válida.

LIMITES DETERMINADOS POR SUA "REGRA-MATRIZ"   135

Se a base de cálculo de um tributo é uma perspectiva dimensível do aspecto material de sua hipótese de incidência, somente poderá tal base dimensionar aquele fato que abstratamente constituir a hipótese de incidência de uma determinada modalidade tributária. Assim, sendo uma medida da intensidade de um fato, acabará, juntamente com esse fato, confirmando a natureza jurídica de um tributo.

Ora, se tivermos uma atuação estatal consistente num efetivo exercício do poder de polícia – passível, pois, de tributação por meio de taxa de polícia – e uma base de cálculo que meça o custo deste agir estatal – ou seja, o custo das diligências que levaram à prática dos atos de polícia (que em si nenhum conteúdo econômico possuem) –, somente poderá estar confirmando estarmos diante de verdadeira taxa de polícia.

A mesma situação ocorre no caso de atuação estatal consistente na prestação de um serviço público específico e divisível, passível, por sua vez, de dar origem a tributação por meio de taxa de serviço, pois, elegendo o custo dessa atuação como sua base de cálculo, estar-se-á, da mesma forma, confirmando tratar-se de uma verdadeira taxa de serviço.

Por essa razão – insistimos –, a base de cálculo de um tributo deverá sempre se conectar com o fato descrito na materialidade de sua hipótese de incidência tributária. A base de cálculo de uma taxa, nas suas duas modalidades, deverá, pois, para a confirmação dessa espécie tributária, referir-se à atuação estatal que lhe for respectiva, sob pena de ser instituída uma pseudotaxa ou, na verdade, um tributo desfigurado[178] – e, portanto, ilegítimo.

Juntamente com a materialidade da hipótese de incidência tributária, a base de cálculo acaba, dessa forma, por definir a natureza jurídica de um tributo. Ou seja, acaba por identificar uma referida taxa. Tendo como base de cálculo a medida de uma atuação estatal, consistente na prestação de um serviço público específico e divisível ou no exercício efetivo do poder de polícia, estar-se-á à frente de uma taxa. Para

178. Nesse sentido, assevera Roque Carrazza:
"Em síntese, descaracterizada a base de cálculo, descaracterizado também estará o tributo.
"Não é por outra razão que o divórcio entre a hipótese de incidência e a base de cálculo do tributo causa irremissível inconstitucionalidade" ("Considerações acerca da taxa de classificação de produtos vegetais", *Revista Dialética de Direito Tributário* 28/89).

136   TAXAS – LIMITES CONSTITUCIONAIS

Becker: "A regra jurídica que tiver escolhido para base de cálculo do tributo o *serviço estatal ou coisa estatal* terá criado uma taxa".[179]

Ora, realmente, na materialidade da hipótese de incidência das taxas são descritas situações típicas do Estado. Cumprindo à base de cálculo de um tributo medir sua respectiva materialidade, só podemos afirmar que nas taxas a base de cálculo apenas poderá medir aquelas situações que acabam por expressar uma dada atividade estatal.

Nunca poderá a base de cálculo das taxas medir fatos inerentes aos particulares (regidos pelo direito privado), pois, uma vez cumprindo a tal base a mensuração da materialidade de um tributo e consistindo essa materialidade, no caso das taxas, numa atuação estatal (fato regido pelo direito público), em que aqueles fatos não se encontram presentes, seria *ilógico* mensurar o que nessa materialidade não existe.

No caso, entretanto, de não verificarmos uma correlação lógica neste binômio *hipótese de incidência/base de cálculo*, descaracterizado estará o tributo, em especial uma dada taxa. Como pondera Roque Carrazza: "Os fatores adotados pela lei, como base de cálculo, devem, de algum modo, 'integrar' a hipótese de incidência do tributo, sob pena de desfigurá-lo".[180]

5. A questão da alíquota nas taxas

Entendemos que o princípio da retributividade, informador da tributação por meio de taxas, tende a esgotar o cálculo destas pela simples aferição da base de cálculo da atuação estatal, quer de prestação ou disponibilização de um serviço público específico e divisível, quer referente ao exercício do poder de polícia.

Desta feita, sendo a base de cálculo uma perspectiva dimensível da materialidade da hipótese de incidência de um tributo – vale dizer, uma medida sua, que será traduzida, nesta modalidade de tributo *taxa*, pelo custo da atuação estatal –, acaba representando o próprio valor da taxa, esgotando, nesse momento, sua quantificação. Daí entendermos não se poder falar em alíquota para esse tributo.

A alíquota tem a função de atuar sobre uma dada base de cálculo, de forma a efetivar a quantificação de um tributo, seu *quantum debeatur*. Porém, apenas naqueles tributos que comportem uma variação, em

---

179. *Teoria ...*, 2ª ed., p. 345 (grifos do original).
180. *Curso ...*, 19ª ed., p. 488.

LIMITES DETERMINADOS POR SUA "REGRA-MATRIZ" 137

prol da justiça fiscal, de acordo com a capacidade contributiva do realizador do fato imponível, como ocorre com os impostos.

Com as taxas, contrariamente, não há que se fracionar uma parcela de riqueza do contribuinte de forma a direcioná-la ao Estado. Realmente, não. É que nessa modalidade de tributo a função única e maior da arrecadação é a de ressarcir os cofres públicos pelas despesas que o Estado teve de suportar na efetivação de suas atuações estatais, ensejadoras de taxas, o que se dá pela remuneração desses respectivos custos por meio de uma repartição proporcional aos administrados, conforme suas respectivas participações.

Como a base de cálculo da taxa há de mensurar aquela atuação estatal, e isso decorre da determinação de seu custo, ainda que aproximado, e como é este que importa para fins de tributação por meio dessa espécie tributária, significa que apenas da análise de sua base de cálculo já se tem efetivada a quantificação desse tributo. Com sua determinação já se aferiu o quanto de gasto que um dado administrado provocou. A partir desse momento caberá ao Poder Público, apenas, cobrá-lo, nos limites então alcançados.

São lições de Roque Carrazza:

"Portanto, a lei que criar taxa de serviço deverá tomar por base de cálculo o *valor*, o quanto possível exato, do serviço público prestado ou posto à disposição do contribuinte.

"Do mesmo modo, a lei que instituir taxa de polícia deverá tomar por base de cálculo *'um critério proporcional às diligências condicionadoras dos atos de polícia, já que estes nenhum conteúdo econômico possuem'.*"[181]

De forma diferente entende, por sua vez, Aires Barreto, segundo o qual a base de cálculo da taxa, a par de ser uma medida da materialidade de sua hipótese de incidência (valor da atuação estatal que a enseja), assim somente pode ser, entretanto, tendo-se como referencial um custo/valor (atualmente em Reais) tomado por *unidade de atuação* – o que a torna sempre unitária, qualquer que seja o administrado afetado, não variando de fato para fato.

Para Aires Barreto, assim, o custo (base de cálculo) seria exteriorizado por uma expressão monetária: "Com efeito, em sendo a base

---

181. *Taxa de Fiscalização de Anúncios do Município de São Paulo. Natureza Jurídica. Inconstitucionalidades. Questões Conexas*, p. 27 (grifamos).

138 TAXAS – LIMITES CONSTITUCIONAIS

imponível o valor da atuação estatal (...), só poderá ser representada por uma expressão monetária".[182]

Esta expressão monetária – continua – representaria o valor da unidade da atuação: "A cifra (expressão monetária) inserida nas leis focalizadas nada mais representa do que o valor da unidade de serviço, o custo por unidade de serviço fruível pelos administrados em regime de direito público".[183]

Esse autor traz, ainda, exemplo que visa a aclarar seu pensamento: "(...) a lei dispõe que a base de cálculo é o valor da atuação estatal e que a taxa será calculada à razão de R$ 200,00 por metro quadrado (ou testada, alqueire, hectare etc.). A expressão 'R$ 200,00 *por metro quadrado*' representa o valor da atuação estatal, por unidade de atuação (serviço, atividade), que multiplicada pelo *número de metros quadrados* de terreno de certo sujeito passivo conduzirá ao *quantum debetur*".[184]

O número de metros quadrados (unidade de medida) – no exemplo acima – seria para o referido autor, justamente, a alíquota da respectiva taxa, que, variando de acordo com a referibilidade (então presente) do administrado, quantificaria o valor final da taxa.[185]

Outro exemplo, trazido pelo mesmo autor, também define seu pensamento, em especial quanto à alíquota da taxa:

"Nas taxas, o exame há de ser idêntico. Ao consignar-se em lei uma dada importância (por exemplo, R$ 100,00) nada teremos dito se a essa expressão (valor) não aditarmos: por metro quadrado, por testada, alqueire, litro, perímetro, quilo, metro cúbico ou outra unidade qualquer.

"Também aqui não se diga que esse segundo elemento quantificador é base de cálculo. É mero registro de qual alíquota se deverá aplicar sobre os R$ 100,00.

"A atividade estatal vem dimensionada por unidade de atuação (R$ 100,00) sobre a qual se aplicará a alíquota genericamente referida em lei (metro quadrado, testada, alqueire, por exemplo).

182. *Base de Cálculo* ..., 2ª ed., p. 97.
183. Aires Barreto, idem, ibidem.
184. Idem, ibidem (grifos do original).
185. Para Fernando Pérez Royo: "El momento final de la cuantificación del tributo, en sí mismo considerado, es el correspondiente al establecimiento de la cuota. (...). En los de cuota variable, se obtiene de la conjugación de base y tipo de gravamen" (*Derecho* ..., 9ª ed., p. 185).

LIMITES DETERMINADOS POR SUA "REGRA-MATRIZ" 139

"Sobre o fato único (atuação estatal) cujo valor é expresso por unidade de atuação (R$ 100,00) dever-se-á aplicar, de acordo com o critério genérico fixado em lei, a alíquota, em cada fato tributário, com sua especificidade: os 100 metros quadrados do imóvel de Primus, os 15 metros de testada de Secundus, os 20 alqueires de Tertius."[186]

Portanto, as unidades de medida, nesse raciocínio, exteriorizadas por meio de metro quadrado, testada, alqueire, volume, peso, fatia, fração, dentre outros, a serem aplicadas ao custo da atuação estatal (por unidades de atuação), conforme acima delimitado, caracterizariam as alíquotas das taxas[187] (inexistentes, para o citado autor, apenas nas taxas relacionadas a atuações estatais com custos fixos, como, por exemplo, no fornecimento de certidões).[188]

Pois bem, cabe aqui uma necessária ponderação quanto a nossos pensamentos colocados no início deste tópico, justificando, desta feita, nossos motivos de dissonância, *data venia*, do pensamento do citado autor. Ressaltamos que o valor final de uma taxa, em si mesmo considerado, entretanto, nenhuma diferença apresentará, qualquer que seja a sistemática utilizada: a do referido autor ou a nossa. Explicitemos, contudo, as razões de nossa escolha.

Quando estudamos que a base de cálculo de um tributo é uma perspectiva dimensível da materialidade de sua hipótese de incidência estávamos a significar que, se esta base, exemplificativamente, em dado imposto, vier a ser "auferir renda", a perspectiva dimensível, ou seja, sua medida, será representada pelo valor da renda que for adquirida, totalmente considerada, a ser elevada ao *status* de base de cálculo do imposto.

Para as taxas o raciocínio (apenas o matemático) há de se apresentar de forma semelhante. Se a materialidade de sua hipótese de incidência consiste numa atuação do Poder Público, apenas a medida desse agir é que poderá ser base de cálculo deste tributo. E a medida

186. Aires Barreto, *Base de Cálculo* ..., 2ª ed., p. 90.

187. Para esse autor a concepção de alíquota nas taxas há de ultrapassar o sentido apenas de fração, alcançando também o sentido de critério que, aplicado à base de cálculo, quantificará uma dada taxa. Dessa forma, a operação matemática de divisão cede passo à de multiplicação. Para Geraldo Ataliba a "alíquota, nas taxas, é o critério legal de repartição, pelos administrados, do custo dos serviços públicos, ou do custo da atividade administrativa condicional do exercício do poder de polícia" (*Hipótese* ..., 6ª ed., 4ª tir., p. 117).

188. Nesse sentido, também, Geraldo Ataliba, *Hipótese* ..., 6ª ed., 4ª tir., p. 117.

140   TAXAS – LIMITES CONSTITUCIONAIS

desse agir, diretamente referido ao administrado, nada mais é do que o quanto este agir custou ao Poder Público, o que se reflete apenas de forma total, e não unitariamente considerada.

Aquelas unidades de atuação, bem como seus respectivos parâmetros, entendidos pelo autor retrocitado, respectivamente, como bases de cálculo e alíquotas, são a nosso ver apenas formas de se aferir o custo total da atuação estatal, que servirá – aí, sim –, após esse momento, para caracterizar a base de cálculo da taxa, por mensurar aquela materialidade, esgotando, dessa forma, com esse valor alcançado, a referida quantificação do tributo, em homenagem ao princípio da retributividade.

O custo da atuação estatal não é, por exemplo, *R$ 200,00 por metro quadrado*, mas sim o resultado total dessa equação matemática. Nesse sentido, o que representa a alíquota para o referido autor, a ser aplicada à base de cálculo, na quantificação final da taxa, seria, pensamos, com a devida vênia, apenas um critério a ser aplicado,[189] ainda na apuração do custo (total) da própria atuação, a cujo resultado se atribuirá – agora, sim – a formação da base de cálculo do tributo, que, por ter na retributividade seu princípio informador, fará cessar, já nesse momento, sua respectiva quantificação.

Estamos a perceber, contudo – repetimos –, que, de uma forma ou de outra, o valor a ser cobrado do administrado será o mesmo.

---

189. Aí perfazendo-se a necessária referibilidade.

Capítulo V

LIMITES ADVINDOS
DE "PRINCÍPIOS CONSTITUCIONAIS"

1. Considerações iniciais. 2. Taxas e os princípios da capacidade contributiva *e da* vedação ao confisco.

1. Considerações iniciais

Vimos, em linhas passadas, que *competência tributária* é a aptidão que as pessoas políticas possuem para, querendo, instituir tributos.
Acabamos por desenvolver os limites para o adequado exercício dessa
competência tributária, para posterior cobrança da exação, porém, sob
a ótica exclusiva da regra-matriz constitucionalmente determinada para
as taxas.

Entretanto, há outros limites, condizentes com o exercício dessa
competência tributária, bem como da própria capacidade tributária ativa.[1] Referem-se aos princípios constitucionalmente consagrados, que,
ocupando lugar de destaque dentro do sistema jurídico, orientam e con-

---

1. Quanto a essa, podemos exemplificar com o limite representado pelo princípio da anterioridade, já que – na esteira de raciocínio de Roque Carrazza – tal
princípio "refere-se, pois, à eficácia das leis tributárias, e não à sua vigência ou
validade. Assim, ele aponta o átimo a partir do qual a lei, já vigente, isto é, já integrada na ordem jurídica, é suscetível de ser aplicada (o que ocorrerá, efetivamente,
por meio da prática do lançamento)" (*Curso de Direito Constitucional Tributário*,
19ª ed., p. 175).

142 TAXAS – LIMITES CONSTITUCIONAIS

dicionam a interpretação e aplicação de todas as suas normas. Nessa medida, seriam – de acordo com Roque Carrazza – a pedra angular de qualquer sistema.[2]

Nesse ensejo, Geraldo Ataliba assevera que:

"(...) princípios são linhas mestras, os grandes nortes, as diretrizes magnas do sistema jurídico. Apontam os rumos a serem seguidos por toda a sociedade e obrigatoriamente perseguidos pelos órgãos do governo (poderes constituídos).

"Eles expressam a substância última do querer popular, seus objetivos e desígnios, as linhas mestras da legislação, da administração e da jurisdição. Por estas não podem ser contrariados; têm que ser prestigiados até as últimas conseqüências."[3]

Estamos a perceber, portanto, influírem os princípios jurídicos na interpretação e boa aplicação dos mandamentos constitucionais. Realmente, tendo um dado mandamento constitucional pluralidade de sentidos, sua interpretação deverá estar em sintonia com aquele princípio que lhe for mais próximo. Ademais, Celso Antônio Bandeira de Mello, não por outra razão, preconiza serem os princípios vetores para soluções interpretativas.

Pois bem, retomando o fio da meada, esclarecemos, ainda, que não faremos uma análise de todos os princípios limitadores da atividade tributante estatal, especialmente em matéria de taxas, ficando adstrita essa nossa pretensa missão apenas e tão-somente àqueles princípios por nós considerados, de certa forma, como sendo mais controversos dentro desse nosso estudo.

Por essa razão, princípios como os da *legalidade, anterioridade, irretroatividade, retributividade* (este já visto) – dentre outros –, embora todos eles de importância absoluta, ficarão, neste ensejo, apenas registrados como notas de passagem, já que suas respectivas aplicações, por serem mais do que aceitas, não resultam, a nosso ver, em

2. Para Celso Antônio Bandeira de Mello, ainda, "violar um princípio é muito mais grave que transgredir uma norma qualquer. A desatenção ao princípio implica ofensa não apenas a um específico mandamento obrigatório, mas a todo o sistema de comandos. É a mais grave forma de ilegalidade ou inconstitucionalidade, conforme o escalão do princípio atingido, porque representa insurgência contra todo o sistema, subversão de seus valores fundamentais, contumélia irremissível a seu arcabouço lógico e corrosão de sua estrutura mestra" (*Curso de Direito Administrativo*, 15ª ed., p. 818).

3. *República e Constituição*, 2ª ed., 2ª tir., p. 34.

LIMITES ADVINDOS DE "PRINCÍPIOS CONSTITUCIONAIS" 143

quaisquer formas de divergências, o que já não ocorre, por sua vez, seja no campo da *isonomia*, no que se refere à discutível abrangência das taxas pelo princípio da *capacidade contributiva*, seja quanto à *vedação do confisco* nesta tributação – por esse motivo objetos de nossas próximas atenções.

2. Taxas e os princípios da "capacidade contributiva" e da "vedação ao confisco"

O problema da abrangência do princípio da capacidade contributiva, em especial quanto à sua aplicação ou não em matéria de tributos vinculados – com destaque às taxas, objeto deste nosso estudo –, diz respeito, fazendo uso de uma boa dose de objetividade, à exteriorização do próprio princípio da igualdade em matéria tributária, ou seja, de que forma deve o referido princípio alcançar cada uma das modalidades tributárias, de sorte a estabelecer-se uma justa repartição da carga tributária entre os contribuintes.

Em outras palavras, toda essa questão gira em torno da tentativa de se conseguir realizar o magno princípio da isonomia tributária, expresso no art. 150, II, de nosso Texto Maior, segundo o qual as pessoas políticas (União, Estados, Distrito Federal e Municípios) estão proibidas de: "II – instituir tratamento desigual entre contribuintes que se encontrem em situação equivalente, proibida qualquer distinção em razão de ocupação profissional ou função por eles exercida, independentemente da denominação jurídica dos rendimentos, títulos ou direitos".[4]

O princípio ora em comento, da capacidade contributiva, realiza, é bem verdade – apenas para lançarmos uma idéia inicial –, a igualdade em matéria tributária. Realmente, fazendo uso das lições de Roque Carrazza: "O princípio da capacidade contributiva hospeda-se nas dobras do princípio da igualdade e ajuda a realizar, no campo tributário, os ideais republicanos".[5]

Por este princípio, contribui mais aquele que detém maior riqueza. Cumpre recordar que a capacidade contributiva que se faz imperio-

4. Trata-se de um reforço à isonomia genérica, conferida pelo mesmo Texto, por meio de seu art. 5º, I: "Todos são iguais perante a lei, (...)".

5. *Curso* ..., 19ª ed., p. 77. Geraldo Ataliba, relacionando a isonomia aos ideais republicanos, assim se manifestou: "Princípio constitucional fundamental, imediatamente decorrente do republicano, é o da isonomia ou igualdade diante da lei, diante dos atos infralegais, diante de todas as manifestações do poder, quer traduzidas em normas, quer expressas em atos concretos" (*República* ..., 2ª ed., 2ª tir., p. 158).

sa é aquela que assume uma forma *objetiva*, vale dizer, refere-se àquela guiada não pelas condições econômicas reais de cada contribuinte, individualmente considerado (capacidade subjetiva), mas sim pelas suas manifestações objetivas de riqueza, denominadas por Alfredo Augusto Becker de *fatos-signos presuntivos de riqueza*,[6] já até eleitos pelo legislador constituinte.

A capacidade contributiva para fins tributários levará em conta essas presunções de riqueza objetivas, pouco importando a situação econômica subjetiva do contribuinte. Indivíduo extremamente pobre será compelido a pagar IPTU, por exemplo, de imóvel de alto luxo recebido por doação, ainda que sem condições financeiras para tanto, nem que tenha que se desfazer do referido imóvel para cumprimento de suas obrigações tributárias – já que, como frisamos, a análise da capacidade contributiva é objetiva em relação aos índices de riqueza dos contribuintes.

Ocorre, entretanto, que não estamos a tratar da única forma de realização do princípio da igualdade em matéria tributária, mas sim de apenas uma dessas formas, neste caso, refletida pelo princípio da capacidade contributiva. É que nosso sistema constitucional tributário, ao confirmar esse princípio como realizador da igualdade fiscal, assim o fez não indistintamente em relação a todos os tributos, estendendo-o apenas aos impostos, no sentido de que apenas para esses tributos é que a isonomia tributária se faria presente com a aplicação do princípio da capacidade contributiva.

Para os demais tributos – interessando-nos, no momento, apenas as taxas – nosso Texto Maior, embora mantendo cogente a aplicação da igualdade fiscal, assim o fez, porém, por meio de outros mecanismos, distintos daquele orientado pelo critério da capacidade contributiva, conferindo à isonomia tributária, agora, uma nova roupagem, um novo discrímen[7] entre os desiguais, merecendo, assim, destaque a seguinte lição de Geraldo Ataliba, em relação aos reflexos da igualdade no setor tributário: "(...) o princípio da igualdade se reflete na taxa pelo específico princípio da retribuição ou remuneração e na contribuição o princípio é o da proporcionalidade entre o efeito da ação estatal (o seu reflexo no patrimônio dos particulares) e seu custo".[8]

6. *Teoria Geral do Direito Tributário*, 2ª ed., pp. 453 e ss.

7. Cf. José Maurício Conti, *Princípios Tributários da Capacidade Contributiva e da Progressividade*, p. 63.

8. "Sistema tributário na Constituição de 1988", *RDTributário* 51/140 – citado por José Maurício Conti, *Princípios ...*, p. 65.

LIMITES ADVINDOS DE "PRINCÍPIOS CONSTITUCIONAIS" 145

No mesmo sentido, ainda, José Artur Lima Gonçalves, para quem às taxas tem-se a aplicação da regra da retributividade ou remuneração, ao passo que a contribuição de melhoria é alcançada pela regra do benefício, finalizando-se, no que tange aos impostos, com a aplicação da regra da capacidade contributiva, em que há a submissão, neste caso, à tributação de estado do contribuinte ou atividade sua reveladores de manifestação de riqueza.[9]

Não é difícil, portanto, delinearmos a razão maior de ser ao menos discutível a aplicação deste princípio em relação ao tributo vinculado *taxa*. Como fartamente mencionado neste trabalho, a taxa corresponde àquela modalidade tributária cuja materialidade de sua hipótese de incidência consiste numa atuação estatal, quer na forma de prestação (ou disponibilização) de um dado serviço público específico e divisível, ou no exercício efetivo do poder de polícia.

Ora, tendo numa atuação estatal o pressuposto para essa tributação por meio de taxa[10] – alheia, portanto, a fatos ou comportamentos que possam ser atribuídos à pessoa do administrado (como nos impostos) –, em nada poderá interferir a capacidade contributiva deste, quando dessa exigência tributária, para fins de realização da almejada justiça fiscal.

A única tributação dependente exclusivamente de um comportamento produzido por particulares ou de uma situação em que estes venham a se encontrar é aquela realizada por meio dos impostos. Ora, assim sendo, somente nesta tributação será relevante a análise da capacidade contributiva daquele realizador do fato imponível, para fins de efetivação da justiça tributária.

Se a tributação por meio de impostos, como forma redutora da esfera patrimonial de uma pessoa, leva em consideração um fato ou ação deste particular, nada mais justo que este fato ou ação sirvam para

---

9. *Isonomia na Norma Tributária*, p. 61. Neste sentido, também, Valdir de Oliveira Rocha: "No caso dos impostos, o legislador escolhe, observada a discriminação constitucional de competências, situação econômica que revela capacidade contributiva do contribuinte; em relação às taxas – para a determinação de seu montante –, o que se leva em conta é a atuação do sujeito ativo, (...)" (*Determinação do Montante do Tributo, Quantificação, Fixação e Avaliação*, 2ª ed., p. 60).

10. Justamente neste sentido, enfatizando a materialidade da hipótese de incidência de um tributo como seu respectivo elemento diferenciador (impostos como tributos não dependentes de uma atuação estatal; e taxas, subordinadas a um agir do Estado), podemos citar, também, a doutrina de Juan Martín Queralt e outros, *Derecho Tributario*, p. 37.

146 TAXAS – LIMITES CONSTITUCIONAIS

graduar a respectiva capacidade para contribuir com seu pagamento, identificando-se uma maior possibilidade de ingressos tributários daqueles que podem, *objetivamente*, contribuir mais, aplicando-se, desta feita, os instrumentos de realização dessa igualdade fiscal – como, por exemplo, a progressividade das alíquotas, de acordo com a renda recebida, pagando mais aquele que recebe mais, por ter revelado maior capacidade contributiva.

No caso das taxas nenhuma relevância tem qualquer participação ativa do administrado. A materialidade desse tributo em nada revela ou se coaduna com sua capacidade contributiva. Nada precisa o administrado fazer para que seja compelido ao pagamento da taxa, já que essa tributação requer apenas uma atuação do Estado.

A quantificação desse tributo levará em conta uma medida dessa materialidade, ou seja, será uma perspectiva dimensível da própria atuação do Estado, traduzida mediante aferição do custo dos serviços públicos específicos e divisíveis prestados (ou colocados à disposição) ou do poder de polícia efetivamente exercitado.

Os ideais de justiça fiscal serão alcançados – como já dizia Geraldo Ataliba –, quando da tributação por meio de taxas, pelo ressarcimento, pela retribuição, ainda que de forma aproximada, pelos administrados, em face do Poder Público, dos gastos que estes provocaram, sempre na medida em que foram desencadeados. Cobrar de quem se serviu da atuação estatal, em medida ao menos aproximada, é a forma de realizar a igualdade tributária em matéria de taxas.

Daí residir na retributividade o princípio informador deste tributo, restringindo-se ao campo dos impostos a realização da justiça fiscal por meio da aplicação do princípio da capacidade contributiva, como seu respectivo parâmetro informador.[11]

Nosso Texto Constitucional é claro a este respeito:

"Art. 145. (...).

"§ 1º. Sempre que possível, os impostos terão caráter pessoal e serão graduados segundo a capacidade econômica do contribuinte, (...)".

Afora haver a própria Carta Maior limitado expressamente a aplicação do referido princípio aos impostos,[12] qualquer diferente inter-

11. Da mesma forma, para Eduardo Bottallo: "São as taxas, porque informadas pelo princípio da redistribuição, inteiramente distanciadas do princípio da capacidade contributiva" ("Capacidade contributiva", *RDTributário* 47/240).

12. São palavras de Valdir de Oliveira Rocha: "Ademais, é o próprio dispositivo constitucional que refere a aplicação do princípio apenas aos impostos. Se

LIMITES ADVINDOS DE "PRINCÍPIOS CONSTITUCIONAIS" 147

pretação resultaria em má aplicação de nosso próprio sistema constitucional tributário, tendo em vista, como já vimos, não poderem ser as taxas mensuradas conforme a capacidade contributiva dos administrados, pois nenhum atributo ou condição que lhes sejam próprios concorrem para a realização do aspecto material da hipótese de incidência desse tributo, dependente, para tanto, apenas e tão-somente de um agir estatal que deve ser custeado.

A aplicação restrita do princípio da capacidade contributiva aos impostos não fugiu também das atenções doutrinárias. De acordo com as lições de Américo Lacombe: "(...) as taxas não podem ser graduadas segundo a capacidade econômica dos contribuintes, uma vez que as bases de cálculo a elas inerentes não mensuram um tributo ou algo próprio do sujeito passivo, mas uma atividade do sujeito ativo".[13]

Aliás, por tal razão – vale dizer, pelo fato de a impossibilidade de aplicação da capacidade contributiva em matéria de taxas advir da própria natureza da materialidade deste tributo, que em nada se associa senão a uma atuação exclusivamente estatal, alheia a qualquer participação do administrado –, entendemos como sendo um mero reforço jurídico a disposição constitucional mais acima referida.

Não precisaria nem mesmo estar escrita. O princípio da capacidade contributiva apresenta-se como corolário do princípio da igualdade, cogente em nosso ordenamento, máxime em matéria tributária. Se a tributação por meio de impostos leva em conta atributos ou condições do administrado, a igualdade nessa tributação só se fará presente no caso de se considerarem fatores de discrímen entre os contribuintes, tendo como base para tanto a variabilidade presente na capacidade para contribuir dos administrados, suscetível de diferentes mensurações.

Nas taxas o princípio da capacidade contributiva não teria aplicação não apenas por constar em nossa Carta que tal princípio se aplica somente aos impostos, mas, antes de tudo, por ser impossível medir algo que não exista na tributação por meio de taxas, como é o caso da capacidade contributiva, já que o que se mede neste caso é uma participação, de alguma forma, do Estado, a ser, ainda que aproximadamente, ressarcida.

---

constasse do § 1ª do art. 145 da Constituição de 1988 o termo 'tributos', não seria o caso de simplesmente se acomodar a posição àquele, mas de se proceder a completa e nova interpretação; o fato é que o termo usado é 'impostos'" (*Determinação ...*, 2ª ed., p. 60).

13. *Princípios Constitucionais Tributários*, 2ª ed., p. 35.

148 TAXAS – LIMITES CONSTITUCIONAIS

Não é a participação do administrado que interfere na quantificação da taxa, mas sim a do Estado, que deve ser remunerada, na medida, pois, de seu respectivo custo, por aquele que a provocou, tendo sido atingido diretamente pela mencionada participação estatal.

Não se aplicando o referido princípio da capacidade contributiva às taxas, os ideais de justiça fiscal que foram alcançados, com esse princípio, pelos impostos estão colocados a cargo, agora, do princípio da retributividade, pelo qual aqueles administrados alcançados por atuações do Estado colocam-se no dever de ressarcir as referidas atuações a que deram causa, de forma a compensar a sociedade como um todo, representada pelo Estado, dos gastos que este efetuou.

Nada mais justo que o gasto com uma referida atuação estatal seja suportado por aquele administrado que lhe deu causa, em prol daquele que em nada se relacionou com a atuação estatal. Daí a realidade das taxas exteriorizar-se pela existência de custos do Estado, a serem ressarcidos, e não pela capacidade contributiva dos administrados, inerte nessa modalidade de tributação.

A capacidade contributiva liga-se à pessoa do sujeito passivo, e esta somente se mostra relevante na tributação por meio dos impostos, já que, agora referindo-se às taxas, repetimos, o único aspecto relevante para a tributação é uma atividade do sujeito ativo, justificando-se sua qualidade de tributo vinculado – *vinculado a uma ação estatal*. Nenhuma relação tem esse tributo – como também já disse Gilberto de Ulhôa Canto[14] – com a capacidade contributiva daquele que é alcançado pela respectiva atuação estatal.

Para Hugo de Brito Machado: "(...) o princípio da capacidade contributiva existe como princípio jurídico constitucional apenas para os impostos, e apenas em relação a estes, portanto, se impõe ao legislador, que o não observando produzirá lei inconstitucional".[15]

Da mesma forma, Elizabeth Nazar Carrazza assevera: "(...) importante salientar que o princípio da capacidade contributiva só se aplica aos impostos, por expressa disposição constitucional. E não poderia ser de outra forma, já que somente esses tributos incidem sobre fatos do mundo econômico, independentes de qualquer atuação estatal".[16]

---

14. "Taxas. Exercício regular de poder de polícia. Base de incidência deve ser compatível com o âmbito da fiscalização que compete ao ente público tributante", *Cadernos de Direito Tributário e Finanças Públicas* 9/123.

15. *Os Princípios Jurídicos da Tributação na Constituição de 1988*, 3ª ed., p. 68.

16. *IPTU e Progressividade: Igualdade e Capacidade Contributiva*, 3ª tir., p. 54.

LIMITES ADVINDOS DE "PRINCÍPIOS CONSTITUCIONAIS" 149

E, ainda, acrescentamos, com Renato Lopes Becho: "Isso é o princípio da retribuição, que está a informar a cobrança das taxas, que não tem relação, dessa forma, com o princípio da capacidade contributiva. Sendo a base de cálculo das taxas o valor mais próximo possível do custo do serviço estatal, não há se perquirir a capacidade contributiva de seus contribuintes".[17]

Podemos, portanto, fechar esse primeiro raciocínio, no sentido de que o princípio da capacidade contributiva não *orienta* a tributação por meio de taxas, já que para estas a igualdade tributária se perfaz por meio de princípio informador que lhe é próprio – qual seja, o da retributividade.

Essa igualdade verifica-se no momento em que o administrado alcançado por uma dada atuação estatal remunere o Estado pelos seus respectivos custos, sendo tributariamente injusta uma situação contrária, em que se exigisse tal ressarcimento por aquele que não fora atingido pelo agir do Estado.

Por ser um tributo vinculado a uma dada ação estatal, não há um agir ou comportamento do contribuinte que possa revelar capacidade contributiva objetiva para fins de isonomia fiscal – vale dizer, não há fato-signo presuntivo de riqueza que possa orientar a realização de uma justa tributação. O que se mede é a atuação do Estado, e por aí é que se tem a igualdade tributária no campo das taxas, quando tal atuação deverá ser custeada por aquele que lhe deu causa. Em tema de taxas é assim, portanto, que se conduz a igualdade tributária.[18]

Nada obsta, entretanto, a que a real capacidade econômica do administrado (capacidade contributiva subjetiva) possa ser considerada para efeitos de tributação por meio de taxas.[19] Trata-se, agora, de uma

17. *Tributação das Cooperativas*, p. 57.

18. Esta conclusão a que chegamos está claramente delineada nas lições de Regina Helena Costa, para quem: "Sustentar a necessidade de observância do princípio da capacidade contributiva nas taxas é não atentar para a natureza dessas imposições tributárias. Significando uma contraprestação pela atuação do Poder Público, diretamente referida ao contribuinte, não se pode erigir nas taxas, como critério informador desses tributos, uma circunstância absolutamente alheia a essa atuação estatal. Vale dizer, se, com a taxa, se pretende remunerar a atuação estatal, essa remuneração deve reportar-se ao custo da mesma, e não à capacidade contributiva do sujeito passivo, irrelevante para a hipótese de incidência ou para a graduação da taxa" (*Princípio da Capacidade Contributiva*, 3ª ed., p. 57).

19. No caso, por exemplo, dentre outros, da isenção de *taxa judiciária* para aqueles que comprovem um estado de necessidade econômica.

150 TAXAS – LIMITES CONSTITUCIONAIS

questão político-social,[20] mais a ver com a vontade do próprio Poder Público,[21] que em nada *orienta* essa atividade, já que em matéria de taxas a isonomia tributária se resolve por meio da aplicação do princípio que lhe é informador, qual seja, a retributividade, restando alheia a qualquer interferência em termos de capacidade contributiva.

Esta nossa nova idéia não significa estarmos negando tudo o que até então vimos de falar. Realmente, não. A igualdade tributária em matéria de taxas verifica-se – insistimos – *apenas* pela retributividade. A possível análise das reais condições econômicas do contribuinte em matéria de taxas tem a ver com questões de índole político-sociais dentro de um dado contexto histórico.

Tem a ver, assim, com uma razoabilidade social,[22] de forma a não se efetivar uma tributação daquilo que equivalha ao mínimo vital do administrado, que assumiria, também, nesse momento, já uma feição confiscatória, mais à frente comentada. O princípio da capacidade contributiva continua não sendo, por todas as razões já tratadas, informador da tributação das taxas, cuja igualdade tributária – repita-se – perfaz-se com a retributividade.

---

20. Para Sacha Calmon, entretanto, o princípio da capacidade contributiva tem aplicação fundamental nas taxas, assim ocorrendo, contudo, de forma negativa, através justamente da análise da incapacidade contributiva (*Comentários à Constituição de 1988 – Sistema Tributário*, 6ª ed., 4ª tir., p. 47).

Nesse sentido, também, Eduardo Marcial Ferreira Jardim: "(...) pois concebemos a capacidade contributiva como um primado abrangente que enlaça todos os tributos" (*Dicionário Jurídico Tributário*, p. 15). E José Marcos Domingues de Oliveira: "Estabelecidos os contornos do princípio da capacidade contributiva, entendemos que a limitação constitucional de que se trata incide genericamente sobre todas as exações tributárias" (*Direito Tributário: Capacidade Contributiva*, 2ª ed., p. 77).

21. No mesmo sentido, Roque Carrazza: "Nada impede que também as taxas (...) sejam graduadas segundo a capacidade econômica dos contribuintes, tendo em vista, inclusive, o princípio da igualdade. Apenas, isto fica ao talante do legislador ordinário, não sendo uma exigência do art. 145, § 1º, da Constituição Federal" (*Curso ...*, 19ª ed., pp. 76-77, nota 44).

22. Este o pensamento, também, de Regina Helena Costa, que, ao comentar possíveis isenções em matéria de taxas, esclarece que a exoneração tributária "é concedida não em virtude da diminuta ou inexistente capacidade contributiva dos sujeitos, mas em virtude de considerações de outra ordem, tais como a desigualdade social, a minimização do sofrimento das pessoas pobres etc. Justifica-se, portanto, tal medida com fundamento em outras diretrizes constitucionais, sem se recorrer ao postulado da capacidade contributiva, estranho à compostura da hipótese de incidência dos tributos vinculados" (*Princípio ...*, 3ª ed., p. 58).

LIMITES ADVINDOS DE "PRINCÍPIOS CONSTITUCIONAIS" 151

Nesse caso, a observância da capacidade contributiva dos administrados – o que seria facultativo[23] – estaria relacionada a uma preocupação maior em face de outros valores também presentes em nossa moldura constitucional, dentre eles – segundo Elizabeth Nazar Carrazza – a solidariedade, a proteção aos mais fracos, o combate à miséria etc.[24]

Essa forma de tributação – na verdade uma não-tributação, ou às vezes uma parcial tributação –, levada a efeito pelo Estado em prol, dentre outros fatores sociais, do combate à miserabilidade, assume, poderíamos afirmar, já nesse momento, alguns contornos típicos daquilo que se entende por função *extrafiscal* a ser conduzida pelo Estado, na sua atividade tributante.

Para Paulo de Barros Carvalho, discorrendo acerca da extrafiscalidade: "(...) vezes sem conta a compostura da legislação de um tributo vem pontilhada de inequívocas providências no sentido de prestigiar certas situações, tidas como social, política ou economicamente valiosas, às quais o legislador dispensa tratamento mais confortável ou menos gravoso. A essa forma de manejar elementos jurídicos usados na configuração dos tributos, perseguindo objetivos alheios aos meramente arrecadatórios, dá-se o nome de extrafiscalidade".[25]

Clara, também, é a definição de Júlio Mariano Júnior, para quem: "Extrafiscalidade é a objetivação de outros interesses, para o Fisco ou Poder Público, que não são de receita derivada, seja quando visa a incrementar ou restringir atividades econômicas, reduzindo o gravame da incidência ou aumentado-o, seja isentando contribuinte por razões pessoais ou por considerações quanto a coisas ou serviços que se compreendem em fatos geradores; ou ainda quando a entidade de direito público fiscal procura impedir atividade danosa à economia nacional por meio de gravame tributário pesado ou desestimulante (...) ".[26]

Pois bem, no caso pouco acima referido não almeja o Estado ressarcir-se pelos gastos que teve com sua respectiva atuação. Realmente, não. Busca, antes de tudo, sobrepor à retributividade a efetivação de

23. Nesse sentido, também, Célio Armando Janczeski, para quem: "No Direito Brasileiro, a capacidade contributiva, embora prestigiada, tem nas taxas caráter apenas secundário. Enquanto para os impostos trata-se de princípio jurídico constitucional, de observância obrigatória pelo legislador, nos demais tributos, dentre os quais a taxa, a aplicação do princípio é mais elástica e se consubstancia em liberdade do legislador" (*Taxas: Doutrina e Jurisprudência*, p. 81).

24. *IPTU e Progressividade: ...*, 3ª tir., p. 54.

25. *Curso de Direito Tributário*, 10ª ed., pp. 161-162.

26. *Lições de Direito Tributário – Parte Geral*, 2ª tir., p. 58.

valores sociais constitucionalmente consagrados, no caso, em defesa de uma situação de não-miserabilidade social, devendo a condição econômica (subjetiva) dos respectivos administrados ser levada em consideração.

Tirante esse exemplo específico de realização da extrafiscalidade, como justificativa nossa ao pensamento anterior, em que afirmamos não ser possível a aplicação da capacidade contributiva em matéria de taxas, outras formas ordinatórias, extrafiscais, podem ser associadas pelo Estado à sua respectiva tributação.

No caso, ainda, *das taxas* – tributo que ora nos interessa –, o Estado pode também, simplesmente, não cobrar tal tributo, por exemplo, e como realmente o faz, em relação ao serviço público de vacinação. Dessa forma, a taxa acabaria por conduzir comportamentos individuais em prol da realização máxima do *valor* representado pela *saúde* pública.

Quanto às taxas de polícia, do mesmo modo, outras situações poderiam ser cogitadas como tipicamente extrafiscais. Às vezes a própria cobrança total da taxa, com observância plena à retributividade, ou seja, sem que haja necessidade de alteração de seu valor, já assume uma função extrafiscal – no caso, por exemplo, de ressarcir uma fiscalização (exercício do poder de polícia) do Estado em face de determinadas atividades ou condutas em relação às quais o Poder Público não tenha interesse na propagação.

O fato, em si mesmo considerado, de ter que pagar a referida taxa já é suficiente para fazer os administrados recuarem quanto àquelas referidas atividades ou condutas. A taxa de polícia, por exemplo, em contrapartida da autorização para que uma arma de fogo seja portada já é obstáculo a ser considerado pelo administrado, de forma a poder fazê-lo desistir dessa conduta – bem de acordo com os interesses maiores do Estado, em prol da segurança pública. É, podemos afirmar, uma verdadeira forma de extrafiscalidade, ainda que o valor desse tributo não sofra alteração alguma.

Utilizando-nos do mesmo exemplo – ou seja, quanto ao porte de armas de fogo –, o Estado pode, sob outro contexto, diminuir o custo da respectiva taxa de fiscalização, de forma a estimular, agora, uma efetiva regularização da situação dos respectivos administrados, em prol, também, de um maior controle da segurança pública.

Vê-se que, de uma forma ou de outra, o Estado pode impor às taxas uma função extrafiscal. Inúmeros seriam os exemplos a serem divagados. Trata-se – como diz Roque Carrazza – do "emprego dos ins-

LIMITES ADVINDOS DE "PRINCÍPIOS CONSTITUCIONAIS"   153

trumentos tributários para fins não-fiscais, mas ordinatórios (isto é, para condicionar comportamentos de virtuais contribuintes, e não, propriamente, para abastecer de dinheiro os cofres públicos)".[27]

Realmente, teremos uma situação em que a tributação fiscal cede passo aos fins ordinatórios do Estado em dado contexto político, econômico ou social, quando, então, verificar-se-á uma função pública nitidamente extrafiscal da taxa, como instrumento de intervenção ou regulação públicas.[28]

Neste sentido, também, Luiz Alberto Pereira Filho: "As taxas podem ser usadas como corolário de uma política tributária, de forma a obstaculizar e regular as condutas dos cidadãos que sejam prejudiciais aos interesses públicos. É o que se denomina de caráter extrafiscal das taxas".[29]

Devemos ressaltar, entretanto, que nossa aceitação da extrafiscalidade em matéria de taxas dá-se sempre que a manipulação de seu valor tenha como limite o custo da atuação estatal, em respeito à retributividade: alcançar-se-ão os fins extrafiscais ora com o próprio custo, como já vimos, no caso de certas taxas de polícia, ora com seu decréscimo (estímulo fiscal[30]). Jamais com o aumento do custo da atuação estatal (desestímulo fiscal[31]), quando a extrafiscalidade não terá aplicação, sob pena de desfiguração do próprio tributo *taxa* e, quando não, também de possível afronta à não-confiscatoriedade.[32]

27. *Curso* ..., 19ª ed., p. 753, nota 6. Elizabeth Carrazza atribui esses fins ordinatórios a diversos campos, dentre eles na vida social, econômica, cultural etc. Para a mesma autora em tais fins ordinatórios o Estado "utiliza-se da tributação para buscar finalidades outras, que não as de arrecadação de numerário" (*IPTU e Progressividade:* ..., 3ª tir., p. 67). São as finalidades traçadas na Constituição Federal.
28. Cf. Aliomar Baleeiro, *Uma Introdução à Ciência das Finanças*, 14ª ed., revista e atualizada por Flávio Bauer Novelli, Rio de Janeiro, Forense, 1987, p. 176 – citado por Renato Lopes Becho, *Tributação das Cooperativas*, p. 68.
29. *As Taxas no Sistema Tributário Brasileiro*, p. 58.
30. Para Roque Carrazza por meio de estímulos fiscais "a pessoa política tributante estimula os contribuintes a fazerem algo que a ordem jurídica considera conveniente, interessante ou oportuno". Por sua vez – continua o autor –, quanto aos desestímulos fiscais, afirma induzirem "os contribuintes a não assumirem condutas que, embora lícitas, são havidas por impróprias, sob os aspectos político, econômico ou social. Este objetivo é alcançado por meio da exacerbação da carga tributária, respeitado, evidentemente, o *estatuto do contribuinte*" (*Curso* ..., 19ª ed., p. 753, nota 6 – grifos do original).
31. Ocorrente, sim, nos impostos, mas sempre limitado pelo não-confisco.
32. Essa afronta, lembramos, já ocorre com a simples cobrança de taxa naqueles casos em que esteja em jogo o mínimo vital para a sobrevivência do administrado.

154 TAXAS – LIMITES CONSTITUCIONAIS

Vale frisar que o montante que deixa de ser arrecadado, em virtude do estímulo fiscal, fruto da extrafiscalidade, não será repartido aos demais administrados, que deverão, em homenagem ao princípio da retributividade, suportar os gastos do Estado, sempre na proporção em que estes diretamente os atingirem. Nessas condições, estaremos diante de uma legítima forma extrafiscal.

Ainda quanto às taxas, a não-confiscatoriedade é imperiosa, o que é assegurado – tanto em sua função fiscal como na extrafiscal – pela real observância do princípio da retributividade, quando o custo da atuação estatal, ainda que aproximado, deverá ser o legítimo limite condutor do valor do tributo.

Aliás, por ambas as formas de tributação por meio de taxa, fiscal ou extrafiscal, estarem limitadas pelo custo da atuação estatal, a legitimidade quantitativa da taxa já decorrerá de uma análise única do próprio princípio da retributividade,[33] podendo, agora, a partir deste momento, ser caracterizada também uma violação ao próprio princípio do não-confisco.

Ultrapassando-se os custos de uma atuação estatal para fins de tributação por meio de taxas, teríamos, desde já, uma situação afrontosa ao princípio da própria retributividade, com a desfiguração da taxa,[34] restando também confiscatória a referida situação sempre que as proporções então alcançadas sejam violadoras do direito maior de propriedade.[35]

Nas palavras de Fernando Pérez Royo: "Conviene advertir que en aquellos supuestos en que una ley configure de tal manera un tributo que llegase a producir tal efecto confiscatorio o de anulación del dere-

33. Salvo nos casos já comentados, em que o confisco se revela existente com a simples cobrança normal (proporcional) da taxa, que recairia sobre o mínimo vital do administrado.

34. Para Aires Barreto: "(...) nas taxas, se a base de cálculo estiver longe de corresponder ao custo da atividade estatal, *antes* de este tributo ser inválido (inconstitucional) por afrontar a proibição de confisco, sê-lo-á por ter a sua base de cálculo desnaturada (ela deve corresponder – ou, ao menos, ter como limite – ao custo do serviço público realizado ou à atividade de poder de polícia exercida)" ("Vedação ao efeito de confisco", *RDTributário* 64/105 – grifamos).

35. Não pode o legislador "superdimensionar esse valor, de tal forma que a exorbitância da cobrança inflija perda econômico-financeira exagerada ao contribuinte" (Arx Tourinho, "Comentários ao Código Tributário Nacional/Taxas", in Carlos Valder do Nascimento (coord.), *Comentários ao Código Tributário Nacional*, 2ª tir., p. 146).

LIMITES ADVINDOS DE "PRINCÍPIOS CONSTITUCIONAIS" 155

cho de propiedad, el precepto sería tachado de anticonstitucional (...)".[36]

Alguns autores, entretanto, dentro dessa análise da aplicação do princípio da não-confiscatoriedade no que tange à tributação por meio de taxa, acabam por caracterizar a efetivação de ofensa ao referido princípio *já* com a mera superação do valor do tributo em relação ao *custo* da respectiva atuação estatal.

Em outras palavras, para ensejar tal afronta – segundo tais autores – bastaria a comprovação de que a divisão do custo total daquela atuação, entre aqueles que foram seus beneficiários, excedeu, individualmente, o referido valor.

Neste sentido Estevão Horvath, para quem:

"(...) o que jamais poderá fazer *[o Estado]* é pretender cobrar do beneficiário da sua atuação valor que, compartilhadamente entre o universo de sujeitos obrigados, ultrapasse o custo do serviço. Este limite, que nos parece evidente e indiscutível, representa o ponto a partir do qual se poderá falar de confisco, isto é, todo e qualquer importe impingido ao sujeito passivo de uma taxa que, comprovadamente, sobrepassar o limite que lhe corresponde individualmente, depois de efetuada a repartição (a divisão), é flagrantemente confisco e, neste caso, facilmente identificável, também, com a *utilização de tributo com efeito de confisco* a que se refere nossa Lei Magna.

"(...). Como já referimos acima, para nós, quando se cuida de taxas, o confisco se revela tão logo se verifique que o que está sendo cobrado individualmente dos seus contribuintes tem magnitude superior àquela que lhe corresponderia caso os cálculos resultantes da divisão do custo total do serviço (ou da atividade de polícia) prestado entre os possíveis (estimados) beneficiários estivessem corretos."[37]

Da mesma forma, para Paulo César Baria de Castilho: "Assim, estaríamos diante de uma taxa confiscatória quando o valor cobrado do contribuinte for superior ao custo do serviço que lhe for prestado ou da remuneração do regular exercício do poder de polícia".[38]

E, ainda, José Eduardo Soares de Melo: "(...) as *taxas* (art. 145, II) serão confiscatórias na medida em que o valor dos serviços públicos

---

36. *Derecho Financiero y Tributario – Parte General*, 9ª ed., p. 40.

37. *O Princípio do Não-Confisco no Direito Tributário*, pp. 132-134 (grifos do original – esclarecemos).

38. *Confisco Tributário*, p. 105.

156 TAXAS – LIMITES CONSTITUCIONAIS

ou a remuneração relativa ao exercício regular do poder de polícia venham a ser vultosos, não guardando nenhuma proporcionalidade com os custos, revelando-se incompatível com os fins perseguidos pelo interesse público (ausência de finalidade comercial)".[39]

39. *Curso de Direito Tributário*, p. 34 (grifo do original).

Capítulo VI
CONCLUSÕES

1. Conclusões gerais. 2. Conclusões específicas.

1. Conclusões gerais

1.1 O Direito é um sistema jurídico, como conjunto de normas jurídicas válidas, em que a validade de cada uma dessas normas é haurida da validade daquela que lhe é superior.

1.2 O patamar máximo dentro desse sistema hierarquizado de normas é ocupado pela Constituição Federal, representando esta, portanto, o fundamento de validade, vale dizer, o critério último de existência das demais normas do sistema.

1.3 Por ser a Constituição Federal a fonte máxima do direito tributário, será em seu conteúdo que encontraremos as diretrizes (regras e princípios) a serem verificadas em matéria tributária, constituindo-se tais diretrizes no sistema constitucional tributário.

1.4 A validade das normas tributárias está, pois, condicionada à total adequação destas aos princípios e regras que norteiam a ação estatal de tributar, contidos na Carta Maior.

1.5 Por estarem tais limitações inseridas em um texto normativo supremo, justifica-se a necessidade plena e irrestrita de sua realização, seja pela efetivação da regra-matriz constitucional tributária, seja por meio da concretização dos princípios constitucionais tributários.

2. Conclusões específicas

2.1 *Taxa* é a modalidade de tributo que tem como materialidade de sua hipótese de incidência uma atuação estatal imediata e diretamente referida ao contribuinte, consistente ou na prestação ou disponibilização (em certos casos) de um serviço público, específico e divisível, ou no exercício do poder de polícia (art. 145, II, da CF).

2.2 A natureza jurídica desse tributo advém apenas da análise da materialidade de sua hipótese de incidência, confirmada sempre, por meio de sua base de cálculo, como perspectiva dimensível daquela.

2.3 Nenhum outro fator contribui para a caracterização jurídica da taxa, sendo irrelevantes, dentre outras coisas, qualquer vantagem auferida pelo administrado ou a destinação do produto da sua arrecadação.

2.4 A realização do fato imponível na tributação por meio de taxa está a depender da existência de lei administrativa anterior que esteja a regular a atuação estatal passível de ensejar sua remuneração por taxa. O exercício da capacidade tributária ativa nas taxas depende, assim, do prévio exercício da competência administrativa em face da respectiva atuação estatal.

2.5 A correspectividade presente na taxa apresenta-se de forma unilateral. Paga-se a taxa por ter havido uma atuação estatal. O Estado atua, entretanto, não por ter havido o pagamento da taxa, mas, antes de tudo, por determinação legal, numa relação jurídica cronologicamente anterior. Não há relação de reciprocidade entre atuação estatal e taxa.

2.6 Essa correspectividade apóia-se na igualdade, já que deverá o administrado alcançado pela atuação estatal – e somente ele – ressarcir o Estado pelos gastos a que deu causa, sempre na medida destes, em homenagem ao princípio da retributividade, informador da tributação por meio de taxa.

2.7 A atuação estatal ensejadora de taxa não precisa preceder à sua cobrança, desde que o Estado, quando provocado, esteja materialmente apto a atuar, além de não se estar, no caso das taxas de serviços, diante de serviços de utilização compulsória.

2.8 A compulsoriedade da utilização de determinados serviços públicos implica apenas a possibilidade de tributação pela simples disponibilização destes, não interferindo na forma de sua remuneração.

CONCLUSÕES 159

2.9 A regra-matriz constitucional da taxa, contida, inicialmente, no art. 145, II, indica os parâmetros dessa respectiva tributação, revelando, desta feita, a materialidade possível de sua hipótese de incidência, seus sujeitos ativo e passivo possíveis, sua base de cálculo possível e sua alíquota possível.

2.10 Quanto à sua materialidade, as taxas somente podem advir ou da prestação (ou disponibilização), pelo Estado, de serviços públicos, específicos e divisíveis, ou do exercício do poder de polícia.

2.11 Serviço público é a atividade consistente na prestação de uma utilidade ou comodidade material (substrato material), fruível individualmente pelo administrado, num regime jurídico de direito público (traço formal).

2.12 Serviço público é coisa fora do comércio, prestado pelo Estado para satisfação das necessidades públicas. Insere-se no campo do direito público, alheio ao campo da exploração econômica (direito privado).

2.13 Quanto ao alcance de seu substrato material, o *serviço público* não se confunde com outras formas de atuação estatal, dentre elas as obras públicas ou o poder de polícia.

2.14 A Constituição Federal antecipa os serviços públicos a serem prestados pelas pessoas políticas.

2.15 Serviços há que somente serão públicos quando prestados pelo Estado. Tal ocorre com os serviços de saúde e educação, já que a Carta Maior não proscreveu tais serviços da iniciativa privada, sendo, neste caso, serviços não-públicos.

2.16 A tributação por meio de taxa de serviço condiciona-se, ainda, a que tais serviços (públicos) sejam específicos (que atinjam pessoa determinada, ou número ao menos determinável de pessoas) e divisíveis (que possam ser mensurados).

2.17 Os serviços públicos podem ser prestados gratuitamente, em prol de valores maiores prestigiados pela Constituição, quando, então, não se verificará afronta ao princípio da retributividade.

2.18 Quanto ao poder de polícia, cujo exercício enseja taxa de polícia, temos que se trata do conjunto de normas tendentes a disciplinar

160 TAXAS – LIMITES CONSTITUCIONAIS

o exercício dos direitos das pessoas à liberdade e à propriedade, em prol do bem-estar comum.

2.19 A referida tributação exige, ainda, uma efetividade no exercício no poder de polícia, como forma de se alcançar um resultado conclusivo que atinja o administrado.

2.20 Nos moldes dos serviços públicos, o poder de polícia há de ser também específico e divisível, além de poder ser, pelos mesmos fundamentos, exercitado de forma gratuita.

2.21 Poder de polícia não se confunde com servidão administrativa ou desapropriação.

2.22 Pedágio é tributo, na modalidade de taxa de serviço, como forma de ressarcimento do Poder Público pelos gastos que despendeu com serviços de conservação de vias intermunicipais ou interestaduais.

2.23 Serviço público deve ser remunerado por taxa, ainda que prestado sob regimes de concessão ou permissão, já que mesmo nesses casos não tem sua natureza jurídica alterada. Jamais, portanto, através de preço.

2.24 A diferenciação entre taxa e preço decorre da própria regramatriz constitucional das taxas, bem como dos distintos regimes jurídicos a que estão submetidos – público e privado, respectivamente.

2.25 Quanto ao sujeito ativo das taxas, será, a princípio, a pessoa política competente para instituir o tributo, o que decorrerá, por sua vez, da competência administrativa para a respectiva atuação estatal. Nada obsta, entretanto, à delegação, por lei, de capacidade tributária ativa (parafiscalidade).

2.26 Quanto ao sujeito passivo, será, a princípio, aquela pessoa alcançada pela atuação estatal (sujeito passivo direto) ou, em dadas situações, aquela que venha a representá-la (sujeito passivo indireto).

2.27 Quanto à base de cálculo da taxa, será uma medida da materialidade de sua hipótese de incidência, com a qual deverá manter uma correlação lógica. Será o custo, portanto, da atuação estatal consistente: na prestação (ou disponibilização) de serviço público ou nas diligências necessárias ao exercício do poder de polícia.

CONCLUSÕES   161

2.28 A taxa não poderá ter base de cálculo típica de impostos – fato, esse, reforçado por sua regra-matriz constitucional (art. 145, § 2º, da CF).

2.29 O cálculo do montante a ser pago a título de taxa esgota-se com a determinação da sua base de cálculo, não tendo aplicação, neste caso, o instituto da alíquota.

2.30 Os princípios constitucionais tributários finalizam os limites atinentes à tributação por meio de taxa, devendo, portanto, ser observados, ressaltando-se a total aplicação da vedação ao confisco bem como a exclusão, neste campo de tributação, como seu respectivo princípio informador, do princípio da capacidade contributiva, por ser esse incompatível com a natureza deste tributo, salvo por fins extrafiscais, não cogentes, entretanto, ao Poder Público.

BIBLIOGRAFIA

ALMEIDA, L. Rodrigues de. *Introdução ao Direito Tributário Português*. Coimbra, Livraria Almedina, 1997.

AMARO, Luciano. *Direito Tributário Brasileiro*. 2ª ed. São Paulo, Saraiva, 1998.

ATALIBA, Geraldo. "Considerações em torno da teoria jurídica da taxa". *RDP* 9/43-54. São Paulo, Ed. RT, 1969.

_____. *Hipótese de Incidência Tributária*. 6ª ed., 4ª tir. São Paulo, Malheiros Editores, 2003.

_____. *República e Constituição*. 2ª ed. (atualizada por Rosolea Miranda Folgosi), 2ª tir. São Paulo, Malheiros Editores, 2001.

_____. *Sistema Constitucional Tributário Brasileiro*. São Paulo, Ed. RT, 1968.

_____. "Taxas e preços no novo Texto Constitucional". *RDTributário* 47/142-155. São Paulo, Ed. RT, 1989.

BALEEIRO, Aliomar. *Direito Tributário Brasileiro*. 11ª ed. (atualizada por Misabel Abreu Machado Derzi). Rio de Janeiro, Forense, 1999.

_____. *Limitações Constitucionais ao Poder de Tributar*. 7ª ed. Rio de Janeiro, Forense, 1997.

BALERA, Wagner. "Taxa e preço unitário". In: MARTINS, Ives Gandra da Silva (coord.). *Caderno de Pesquisas Tributárias 10/Taxa e Preço Público*. São Paulo, Centro de Estudos de Extensão Universitária/Resenha Tributária, 1985 (pp. 251-294).

BANDEIRA DE MELLO, Celso Antônio. *Curso de Direito Administrativo*. 15ª ed. São Paulo, Malheiros Editores, 2003.

_____. *Natureza e Regime Jurídico das Autarquias*. São Paulo, Ed. RT, 1968.

_____ (org.). *Estudos em Homenagem a Geraldo Ataliba 1: Direito Tributário*. São Paulo, Malheiros Editores, 1997.

_____ (org.). *Estudos em Homenagem a Geraldo Ataliba 2: Direito Administrativo e Constitucional*. São Paulo, Malheiros Editores, 1997.

BARRETO, Aires. *Base de Cálculo, Alíquota e Princípios Constitucionais*. 2ª ed. São Paulo, Max Limonad, 1998.

BIBLIOGRAFIA

_____. "Vedação ao efeito de confisco". Conferência magna proferida por ocasião do VIII Congresso Brasileiro de Direito Tributário – IDEPE. *RDTributário* 64/97-105. São Paulo, Malheiros Editores.

_____, e BARRETO, Paulo Ayres. *Imunidades Tributárias: Limitações Constitucionais ao Poder de Tributar*. 2ª ed. São Paulo, Dialética, 2001.

BASTOS, Celso Ribeiro. *Curso de Direito Constitucional*. 14ª ed. São Paulo, Saraiva, 1992.

_____. *Curso de Direito Financeiro e de Direito Tributário*. São Paulo, Saraiva, 1991.

_____, e MARTINS, Ives Gandra da Silva. *Comentários à Constituição do Brasil (Promulgada em 5 de Outubro de 1988)*. vol. 6. São Paulo, Saraiva, 1990.

BECERRIL, Miguel Pérez de Ayala, e PÉREZ DE AYALA, José Luis. *Fundamentos de Derecho Tributario*. 4ª ed. Madri, EDERSA, 2000.

BECHO, Renato Lopes. *Sujeição Passiva e Responsabilidade Tributária*. São Paulo, Dialética, 2000.

_____. *Tributação das Cooperativas*. São Paulo, Dialética, 1998.

BECKER, Alfredo Augusto. *Teoria Geral do Direito Tributário*. 2ª ed. São Paulo, Saraiva, 1972.

BLANCO, Francisco Poveda, QUERALT, Juan Martín, e SERRANO, Carmelo Lozano. *Derecho Tributario*. Elcano/Navarra, Aranzadi, 1996.

BORGES, José Souto Maior. *Lançamento Tributário*. 2ª ed. São Paulo, Malheiros Editores, 1999.

BOTTALLO, Eduardo Domingos. "Capacidade contributiva". *RDTributário* 47/234-244. São Paulo, Ed. RT.

_____. *Fundamentos do IPI (Imposto sobre produtos industrializados)*. São Paulo, Ed. RT, 2002.

_____. "Taxa de licença (Taxa municipal de renovação de licença de funcionamento de estabelecimentos comerciais e industriais – Requisitos para sua instituição e cobrança)". *RDTributário* 52/187-190. São Paulo, Ed. RT, 1990.

_____. "Taxa de polícia – Descaracterização por violação ao princípio da legalidade e pela inadequação de sua base imponível: um caso concreto". *RDTributário* 64/173-177. São Paulo, Ed. RT.

BRITO, Edvaldo. "Critérios para distinção entre taxa e preço". In: MARTINS, Ives Gandra da Silva (coord.). *Caderno de Pesquisas Tributárias 10/Taxa e Preço Público*. São Paulo, Centro de Estudos de Extensão Universitária/Resenha Tributária, 1985 (pp. 47-82).

_____, e CAMPOS, Dejalma de (coords.). *Direito Tributário Contemporâneo: Estudos de Especialistas*. São Paulo, Atlas, 1995.

CAMPOS, Dejalma de, e BRITO, Edvaldo (coords.). *Direito Tributário Contemporâneo: Estudos de Especialistas*. São Paulo, Atlas, 1995.

CANOTILHO, J. J. Gomes. *Direito Constitucional*. 5ª ed. Coimbra, Livraria Almedina, 1991.

_____, e MOREIRA, Vidal. *Fundamentos da Constituição*. Coimbra, Coimbra Editora, 1991.

CARRAZZA, Elizabeth Nazar. *IPTU e Progressividade: Igualdade e Capacidade Contributiva*. 3ª tir. Curitiba, Juruá, 2000.

164 TAXAS – LIMITES CONSTITUCIONAIS

—————— (coord.). *Direito Tributário Constitucional.* São Paulo, Max Limonad, 1999.

CARRAZZA, Roque Antonio. "Considerações acerca da taxa de classificação de produtos vegetais". *Revista Dialética de Direito Tributário* 28/84-118. São Paulo, Dialética, 1998.

——————. *Curso de Direito Constitucional Tributário.*19ª ed. São Paulo, Malheiros Editores, 2003.

——————. *Taxa de Fiscalização de Anúncios do Município de São Paulo. Natureza Jurídica. Inconstitucionalidades. Questões Conexas.* Parecer Inédito.

CARVALHO, Paulo de Barros. *Curso de Direito Tributário.* 10ª ed. São Paulo, Saraiva, 1998.

CASSONE, Vittorio. *Direito Tributário.* 4ª ed. São Paulo, Atlas, 1992.

CASTILHO, Paulo César Baria de. *Confisco Tributário.* São Paulo, Ed. RT, 2002.

CHIESA, Clélio. *ICMS: Sistema Constitucional Tributário – Algumas Inconstitucionalidades da LC 87/1996.* São Paulo, LTr, 1997.

CINTRA DO AMARAL, Antônio Carlos. "Concessão de rodovias e cobrança de pedágio". In: BANDEIRA DE MELLO, Celso Antônio (org.). *Estudos em Homenagem a Geraldo Ataliba 2: Direito Administrativo e Constitucional.* São Paulo, Malheiros Editores, 1997 (pp. 127-141).

——————. *Concessão de Serviço Público.* 2ª ed. São Paulo, Malheiros Editores, 2002.

COÊLHO, Sacha Calmon Navarro. *Comentários à Constituição de 1988 – Sistema Tributário.* 6ª ed., 4ª tir. Rio de Janeiro, Forense, 1997.

——————. "Comentários ao Código Tributário Nacional/Obrigação tributária". In: NASCIMENTO, Carlos Valder do (coord.). *Comentários ao Código Tributário Nacional.* 2ª tir. Rio de Janeiro, Forense, 1997 (pp. 255-340).

CONTI, José Maurício. *Princípios Tributários da Capacidade Contributiva e da Progressividade.* São Paulo, Dialética, 1996.

CONTREIRAS DE CARVALHO, A. A. *Doutrina e Aplicação do Direito Tributário.* São Paulo, Freitas Bastos, 1969.

COSTA, Alcides Jorge. "Taxa e preço público". In: MARTINS, Ives Gandra da Silva (coord.). *Caderno de Pesquisas Tributárias 10/Taxa e Preço Público.* São Paulo, Centro de Estudos de Extensão Universitária/Resenha Tributária, 1985 (pp. 1-6).

COSTA, Regina Helena. *Princípio da Capacidade Contributiva* (Coleção Estudos de Direito Tributário). 3ª ed. São Paulo, Malheiros Editores, 2003.

DENARI, Zelmo. *Curso de Direito Tributário.* 6ª ed. Rio de Janeiro, Forense, 2000.

——————. "Sujeito passivo das taxas". *Cadernos de Direito Tributário e Finanças Públicas* 7/35-39. São Paulo, Ed. RT, 1994.

DERZI, Misabel Abreu Machado. "Notas de Atualização". In BALEEIRO, Aliomar. *Direito Tributário Brasileiro.* 11ª ed. Rio de Janeiro, Forense, 1999.

DINIZ, Maria Helena. *Curso de Direito Civil Brasileiro – Teoria das Obrigações Contratuais e Extracontratuais.* 9ª ed., vol. 3. São Paulo, Saraiva, 1994.

FALCÃO, Amílcar de Araújo. *Direito Tributário Brasileiro (Aspectos Concretos).* Rio de Janeiro, Edições Financeiras, 1960.

BIBLIOGRAFIA 165

FIGUEIREDO, Lúcia Valle. *Curso de Direito Administrativo*. 6ª ed. São Paulo, Malheiros Editores, 2003.

GONÇALVES, José A. L. *Isonomia na Norma Tributária*. São Paulo, Malheiros Editores, 1993.

GONZÁLEZ, Eusebio, e LEJEUNE, Ernesto. *Derecho Tributario I*. Salamanca, Plaza Universitaria Ediciones, 1997.

GRECO, Marco Aurélio, e SOUZA, Hamílton Dias de. "Distinção entre taxa e preço público". In: MARTINS, Ives Gandra da Silva (coord.). *Caderno de Pesquisas Tributárias 10/Taxa e Preço Público*. São Paulo, Centro de Estudos de Extensão Universitária/Resenha Tributária, 1985 (pp. 111-132).

GUIMARÃES, Carlos da Rocha. "Taxa e preço público". In: MARTINS, Ives Gandra da Silva (coord.). *Caderno de Pesquisas Tributárias 10/Taxa e Preço Público*. São Paulo, Centro de Estudos de Extensão Universitária/Resenha Tributária, 1985 (pp. 39-46).

HERNÁNDEZ, Francisco Clavijo, LAPATZA, José Juan Ferreiro, QUERALT, Juan Martín, e outros. *Curso de Derecho Tributario – Parte Especial – Sistema Tributario: los Tributos en Particular* . 13ª ed. Madri, Marcial Pons, 1997.

HORVATH, Estevão. *O Princípio do Não-Confisco no Direito Tributário*. São Paulo, Dialética, 2002.

JANCZESKI, Célio Armando. *Taxas: Doutrina e Jurisprudência*. Curitiba, Juruá, 2000.

JARACH, Dino. *El Hecho Imponible*. 2ª ed. Buenos Aires, Abeledo-Perrot, 1971.

JARDIM, Eduardo Marcial Ferreira. *Dicionário Jurídico Tributário*. São Paulo, Saraiva, 1995.

KELSEN, Hans. *Teoria Pura do Direito*. 6ª ed., 4ª tir. São Paulo, Marins Fontes, 2000.

LACOMBE, Américo Masset. *Princípios Constitucionais Tributários*. 2ª ed. São Paulo, Malheiros Editores, 2000.
_____. "Taxa e preço público". In: MARTINS, Ives Gandra da Silva (coord.). *Caderno de Pesquisas Tributárias 10/Taxa e Preço Público*. São Paulo, Centro de Estudos de Extensão Universitária/Resenha Tributária, 1985 (pp. 7-22).

LAPATZA, José Juan Ferreiro. *Curso de Derecho Financiero Español*. 22ª ed. Madrid, Marcial Pons, 2000.
_____, QUERALT, Juan Martín, HERNÁNDEZ, Francisco Clavijo, e outros. *Curso de Derecho Tributario – Parte Especial – Sistema Tributario: los Tributos en Particular* . 13ª ed. Madri, Marcial Pons, 1997.

LEITE, Fábio Barbalho. "O conceito de serviço público para o direito tributário". In: CARRAZZA, Elizabeth Nazar (coord.). *Direito Tributário Constitucional*. São Paulo, Max Limonad, 1999 (pp. 175-221).

LEJEUNE, Ernesto, e GONZÁLEZ, Eusebio. *Derecho Tributario I*. Salamanca, Plaza Universitaria Ediciones, 1997.

166 TAXAS – LIMITES CONSTITUCIONAIS

LIMA, Pérsio de Oliveira. "Taxa de localização e funcionamento – Município de São Paulo". In: CAMPOS, Dejalma de, e BRITO, Edvaldo (coords.). *Direito Tributário Contemporâneo: Estudos de Especialistas*. São Paulo, Atlas, 1995.

MACHADO, Hugo de Brito. *Curso de Direito Tributário*. 23ª ed. São Paulo, Malheiros Editores, 2003.

_____. *Os Princípios Jurídicos da Tributação na Constituição de 1988* (Coleção Textos de Direito Tributário). 3ª ed. São Paulo, Ed. RT, 1994.

_____. "Taxa e preço público". In: MARTINS, Ives Gandra da Silva (coord.). *Caderno de Pesquisas Tributárias 10/Taxa e Preço Público*. São Paulo, Centro de Estudos de Extensão Universitária/Resenha Tributária, 1985 (pp. 133-152).

MARIANO JÚNIOR, Júlio. *Lições de Direito Tributário – Parte Geral*. 2ª tir. Campinas, Copola, 1996.

MARQUES, Márcio Severo. *Classificação Constitucional dos Tributos*. São Paulo, Max Limonad, 2000.

MARTÍN FERNÁNDEZ, F. Javier. *Tasas y Precios Públicos en el Derecho Español* (Monografias Jurídico-Fiscales). Madri, Instituto de Estudios Fiscales/ Marcial Pons, 1995.

MARTÍNEZ, Soares. *Direito Fiscal*. 10ª ed. Coimbra, Livraria Almedina, 2000.

MARTINS, Ives Gandra da Silva. "Comentários à Constituição do Brasil – Art. 145, I". In: BASTOS, Celso Ribeiro, e MARTINS, Ives Gandra da Silva. *Comentários à Constituição do Brasil (Promulgada em 5 de Outubro de 1988)*. vol. 6. São Paulo, Saraiva, 1990 (pp. 37-42).

_____ (coord.). *Caderno de Pesquisas Tributárias 10/Taxa e Preço Público*. São Paulo, Centro de Estudos de Extensão Universitária/Resenha Tributária, 1985

_____ (coord.). *Curso de Direito Tributário*. 8ª ed. São Paulo, Saraiva, 2001.

_____, e BASTOS, Celso Ribeiro. *Comentários à Constituição do Brasil (Promulgada em 5 de Outubro de 1988)*. vol. 6. São Paulo, Saraiva, 1990.

MELLO FILHO, José Celso de. *Constituição Federal Anotada*. 2ª ed. São Paulo, Saraiva, 1986.

MICHELI, Gian Antonio. *Curso de Derecho Tributario*. Trad. de Júlio Banacloche. Madri, Editorial de Derecho Financiero, 1975.

MEIRELLES, Hely Lopes. *Direito Administrativo Brasileiro*. 28ª ed. (atualizada por Eurico de Andrade Azevedo, Délcio Balestero Aleixo e José Emmanuel Burle Filho). São Paulo, Malheiros Editores, 2003.

MORAES, Bernardo Ribeiro de. *A Taxa no Sistema Tributário Brasileiro*. São Paulo, Ed. RT, 1968.

_____. *Compêndio de Direito Tributário*. Rio de Janeiro, Forense, 1984.

MOREIRA, Vital, e CANOTILHO, J. J. Gomes. *Fundamentos da Constituição*. Coimbra, Coimbra Editora, 1991.

NASCIMENTO, Carlos Valder do (coord.). *Comentários ao Código Tributário Nacional*. 2ª tir. Rio de Janeiro, Forense, 1997.

OLIVEIRA, José Marcos Domingues de. *Direito Tributário: Capacidade Contributiva*. 2ª ed. Rio de Janeiro, Renovar, 1998.

BIBLIOGRAFIA 167

OLIVEIRA, Régis Fernandes de. *Taxas de Polícia*. São Paulo, Ed. RT, 1980.

PEREIRA FILHO, Luiz Alberto. *As Taxas no Sistema Tributário Brasileiro*. Curitiba, Juruá, 2002.

PÉREZ DE AYALA, José Luis, e BECERRIL, Miguel Pérez de Ayala. *Fundamentos de Derecho Tributario*. 4ª ed. Madri, EDERSA, 2000.

PÉREZ ROYO, Fernando. *Derecho Financiero y Tributario: Parte General* (Tratados y Manuales). 9ª ed. Madri, Civitas, 1999.

PORTO NETO, Benedicto. *Concessão de Serviço Público no Regime da Lei n. 8.987/1995 – Conceitos e Princípios* (Coleção Temas de Direito Administrativo). São Paulo, Malheiros Editores, 1998.

QUERALT, Juan Martín. "Tasas y precios públicos". In: LAPATZA, José Juan Ferreiro, QUERALT, Juan Martín, HERNÁNDEZ, Francisco Clavijo, e outros. *Curso de Derecho Tributario – Parte Especial – Sistema Tributario: los Tributos en Particular* . 13ª ed. Madri, Marcial Pons, 1997 (pp. 821-848).

_____, HERNÁNDEZ, Francisco Clavijo, LAPATZA, José Juan Ferreiro, e outros. *Curso de Derecho Tributario – Parte Especial – Sistema Tributario: los Tributos en Particular* . 13ª ed. Madri, Marcial Pons, 1997.

_____, SERRANO, Carmelo Lozano, e BLANCO, Francisco Poveda. *Derecho Tributario*. Elcano/Navarra, Aranzadi, 1996.

ROCHA, Valdir de Oliveira. *Determinação do Montante do Tributo, Quantificação, Fixação e Avaliação*. 2ª ed. São Paulo, Dialética, 1995.

SANCHES, J. L. Saldanha. *Manual de Direito Fiscal*. Lisboa, Lex, 1998.

SARAIVA, José Alexandre. *Questões Cotidianas de Direito Tributário*. Curitiba, JM, 2000.

SEIXAS FILHO, Aurélio Pitanga. "Caracteres distintivos da taxa e do preço público". *Cadernos de Direito Tributário e Finanças Públicas* 3/118-126. São Paulo, Ed. RT, 1993.

_____. "Distinção entre taxa e preço público". In: MARTINS, Ives Gandra da Silva (coord.). *Caderno de Pesquisas Tributárias 10/Taxa e Preço Público*. São Paulo, Centro de Estudos de Extensão Universitária/Resenha Tributária, 1985 (pp. 23-37).

SERRANO, Carmelo Lozano, BLANCO, Francisco Poveda, e QUERALT, Juan Martín. *Derecho Tributario*. Elcano/Navarra, Aranzadi, 1996.

SILVA, Edgard Neves da. "Taxas". In: MARTINS, Ives Gandra da Silva (coord.). *Curso de Direito Tributário*. 8ª ed. São Paulo, Saraiva, 2001 (pp. 759-777).

SILVA, José Afonso da. *Curso de Direito Constitucional Positivo*. 22ª ed. São Paulo, Malheiros Editores, 2003.

SOARES DE MELO, José Eduardo. *Curso de Direito Tributário*. São Paulo, Dialética, 1997.

SOUSA, Rubens Gomes de. "Ainda a distinção entre taxa e imposto". *RDP* 21/299-324. São Paulo, Ed. RT, 1972.

_____. "Sujeito passivo das taxas: responsabilidade por transferência e substituição". *RDP* 16/346-353. São Paulo, Ed. RT, 1971.

168 TAXAS – LIMITES CONSTITUCIONAIS

SOUZA, Hamílton Dias de, e GRECO, Marco Aurélio. "Distinção entre taxa e preço público". In: MARTINS, Ives Gandra da Silva (coord.). *Caderno de Pesquisas Tributárias 10/Taxa e Preço Público*. São Paulo, Centro de Estudos de Extensão Universitária/Resenha Tributária, 1985 (pp. 111-132).

TELLES JÚNIOR, Goffredo da Silva. "O chamado Direito alternativo. Interpretação razoável". *Revista da Faculdade de Direito da Universidade de São Paulo* 94/73-80. São Paulo, USP, 1999.

TEMER, Michel. *Elementos de Direito Constitucional*. 19ª ed. São Paulo, Malheiros Editores, 2003.

TOURINHO, Arx da Costa. "Comentários ao Código Tributário Nacional/Taxas". In: NASCIMENTO, Carlos Valder do (coord.). *Comentários ao Código Tributário Nacional*. 2ª tir. Rio de Janeiro, Forense, 1997 (pp. 135-191).

ULHÔA CANTO, Gilberto de. "Taxa e preço público". In: MARTINS, Ives Gandra da Silva (coord.). *Caderno de Pesquisas Tributárias 10/Taxa e Preço Público*. São Paulo, Centro de Estudos de Extensão Universitária/Resenha Tributária, 1985 (pp. 83-110).

_____. *Temas de Direito Tributário*. vol. 3. Rio de Janeiro, Alba, 1964.

_____. "Taxas. Exercício regular de poder de polícia. Base de incidência deve ser compatível com o âmbito da fiscalização que compete ao ente público tributante". *Cadernos de Direito Tributário e Finanças Públicas* 9/121-139. São Paulo, Ed. RT, 1994.

VALDÉS COSTA, Ramón. *Curso de Derecho Tributario*. t. 1. Montevideo, Uruguaya Colombino, 1970.

VIEIRA, Eugênio Doin. "Taxas – Algumas considerações propedêuticas". In: BANDEIRA DE MELLO, Celso Antônio (org.). *Estudos em Homenagem a Geraldo Ataliba 1: Direito Tributário*. São Paulo, Malheiros Editores, 1997 (pp. 135-141).

VILLEGAS, Héctor B. "Verdades e ficções em torno do tributo denominado taxa". *RDP* 17/322-339. São Paulo, Ed. RT, 1971.

XAVIER, Alberto. *Manual de Direito Fiscal I*. Lisboa, Manuais da Faculdade de Direito de Lisboa, 1974.

* * *